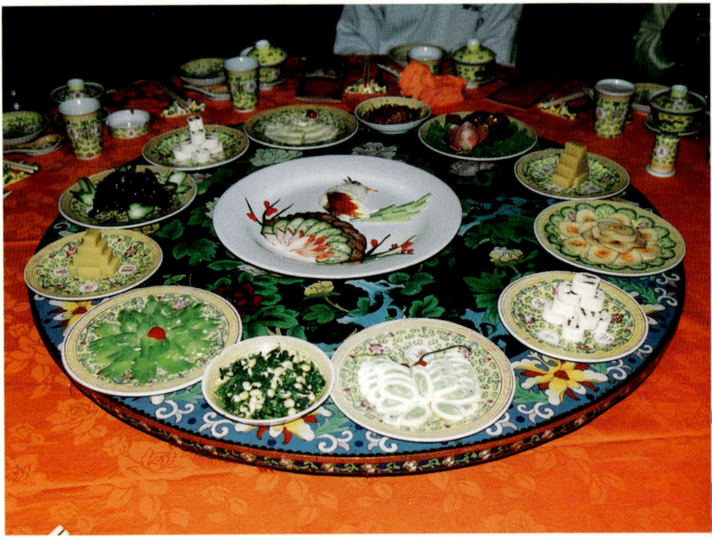

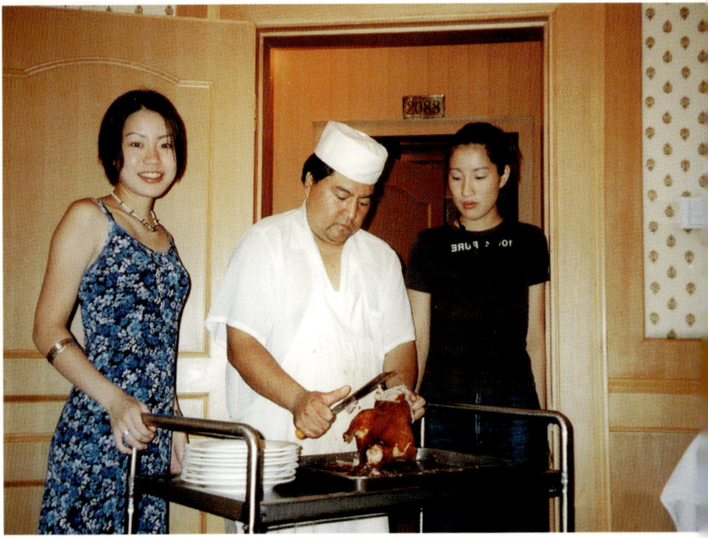
2088

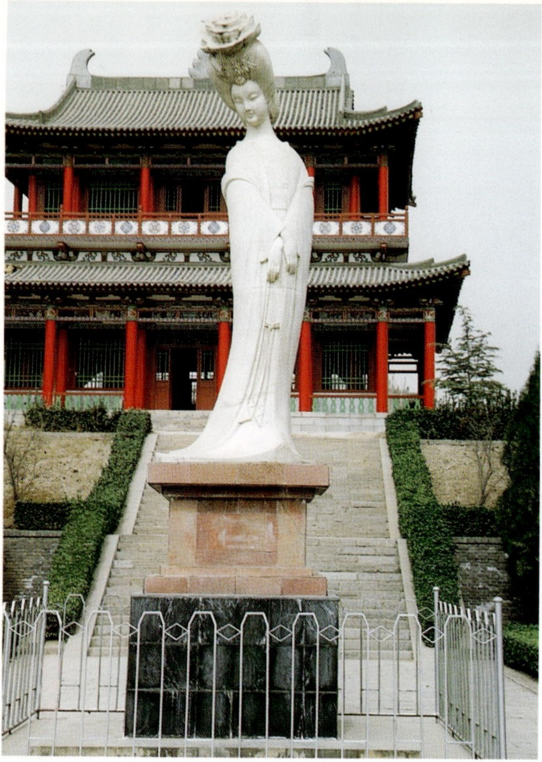

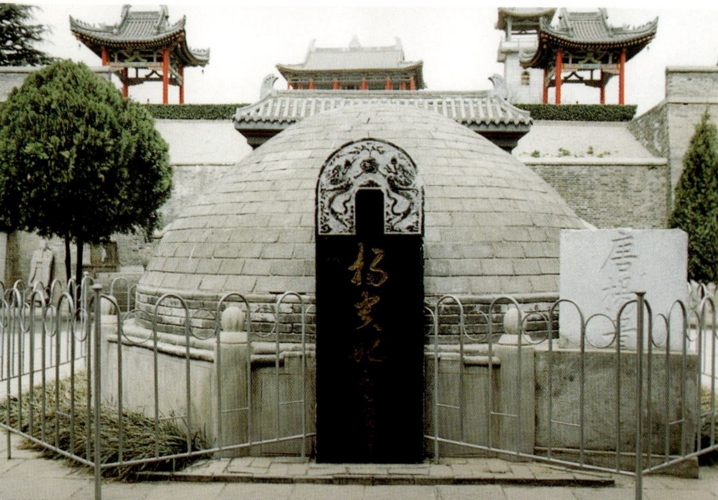
杨贵妃

まえがき

　必要な時にとっさに口を突いて出てこないのが外国語です。難しい表現をするのではなく、できるだけ簡潔にすばやく中国語で相手に伝達することを目的として編集したものが本書です。

　その編成については、《あいうえお順で引く簡便表現》・《文型による表現パターン》・《あいうえお順で引くワードメニュー(日本語から中国語へ)》・《ジャンル別で見る慣用表現》・《中国語(の発音)について》・《数字で見る中国情報》からなっています。

　《あいうえお順で引く簡便表現》は、先ず常用される日本語表現をあいうえお順に配列し、それに対応する中国語をできるだけ簡単に、およそ10字以内で表現したものです。簡単な日本語であるがために、例えば"うまい"という項目では表出されないが、"おいしい"という項目で記載されているようなケースが多々あります。それゆえ、先ずどんな日本語表現がどんな項目に出現するかをよく把握することが、本書の最も上手な使い方になると思います。

　《文型による表現パターン》は、ごく初歩的で常用される日本語の文型を中国語でパターン化したものです。それに関連する必要な単語を入れ換えることによって、より多様で豊かな表現が可能となります。

　《あいうえお順で引くワードメニュー(日本語から中国語へ)》は、主として日常生活での必要不可欠な単語を網羅したものです。食事・買い物・交通・旅行・病気・学習などに関する語を多く取り挙げていますので、いろいろな場面での使用が可能です。緊急時にはこの単語だけで意を通じさせることも可能ですし、授業時の作文で検索する場合にも使えることでしょう。

　《ジャンル別で見る慣用表現》は、日常生活で最も必要不可欠

と考えられる簡易な表現を集めたものです。すぐに検索ができるようにジャンル別にしてあります。

《中国語(の発音)について》は、中国語の背景や現況についての概観を述べると共に、その実際の発音について解説したものです。熟読してその発音要領をしっかりと把握して下さい。

《数字で見る中国情報》は、中国事情を数字という観点からまとめたものです。中国の現況の一端を確認することができます。

以上全般的なことを言えば、本書は、日本人が何かとっさに中国語で表現しなければならない時に役立たせることを目的として編集していますから、全て日本語から該当する中国語を表現していくというスタイルで貫いています。本書をうまく使うには、どんな日本語表現がどこに記載されているかを早く掴んでおくことが肝要です。また、すぐに話せるという観点から、その中国語はすべて簡潔で常用されるものに限りました。なお、初学者のために日本語による発音ルビを付しておきましたが、それぞれの到達度によって、ピンインを通じて、或いは漢字から直接発音するなど、使い分けて下さい。

最後に、皆さんが中国語使用時に逢着する困難を本書によって少しでも解決されることを願いつつ擱筆します。

2000年初夏

著　者

目　次

まえがき

あいうえお順で引く簡便表現 ……………………………1

あ………3	さ………38	な………69	ま………88
い………8	し………40	に………73	み………92
う………12	す………45	ぬ………74	む………95
え………14	せ………48	ね………75	め………96
お………15	そ………50	の………76	も………97
か………22	た………52	は………77	や………100
き………26	ち………55	ひ………80	ゆ………102
く………30	つ………58	ふ………82	よ………104
け………32	て………61	へ………84	ら………106
こ………34	と………63	ほ………86	り………107
			れ………109
			わ………110

文型による表現パターン …………………………113

～はどこですか。 ……………………………………115
この辺に～はありますか。 …………………………115
～が飲みたい。 ………………………………………116
～が食べたい。 ………………………………………116
～に泊まっています。 ………………………………117
～に住んでいます。 …………………………………117
～に行きたい。 ………………………………………118
～へはどう行きますか。 ……………………………118
～に到着したら教えて下さい。 ……………………119
いっしょに～しませんか。 …………………………119
いっしょに～行きませんか。 ………………………120
～はありますか。 ……………………………………120

－iii－

～はどこで売っていますか。 …………………………121
～を探しています。 ……………………………………121
～をください。 …………………………………………122
～を持っています。 ……………………………………122
～を持っていません。 …………………………………123
～を知っていますか。 …………………………………123
～が好きですか。 ………………………………………124
～は人気がありますか。 ………………………………124
～を教えて下さい。 ……………………………………125
～に興味があります。 …………………………………125
あまり～ではない。 ……………………………………126
～を送ります。 …………………………………………126

あいうえお順で引くワードメニュー （日本語から中国語へ） …………………………………127

あ	………129	さ	………153	な	………175	ま	………189
い	………131	し	………154	に	………176	み	………191
う	………133	す	………161	ぬ	………177	む	………192
え	………134	せ	………162	ね	………178	め	………193
お	………135	そ	………164	の	………178	も	………193
か	………138	た	………165	は	………179	や	………194
き	………144	ち	………167	ひ	………182	ゆ	………195
く	………147	つ	………169	ふ	………184	よ	………196
け	………148	て	………170	へ	………186	ら	………197
こ	………149	と	………172	ほ	………188	り	………198
						れ	………198
						ろ	………199
						わ	………199
						を	………200

ジャンル別で見る慣用表現 ……………………………201

あいさつ ……………203	断わる ………………225
返事 …………………206	許可を求める ………226
呼びかけ ……………209	依頼 …………………227
尋ねる ………………210	要求 …………………229
紹介 …………………213	感情 …………………230
約束 …………………214	褒める ………………236
訪問 …………………216	励ます ………………238
会話の途中で~ ……218	困ったとき …………239
お礼 …………………222	苦情 …………………240
謝罪 …………………223	助けを求める ………241
勧誘 …………………224	

中国語(の発音)について ……………………………243

中国語の正式名は漢語'汉语' ……………………………………245
中国語の標準語は共通語'普通话' ………………………………245
文字は簡体字'简体字' ……………………………………………247
発音記号はピンイン'拼音字母' …………………………………247
中国語の発音は正確な音プラス声調 ……………………………248
声調(四声)について ……………………………………………248
母音について ……………………………………………………249
　1．単母音・捲舌母音 …………………………………………249
　2．複母音 ………………………………………………………250
　　①前アクセント型 ……………………………………………250
　　②後アクセント型 ……………………………………………250
　　③中アクセント型 ……………………………………………250
　3．鼻子音(n・ng)つき母音 …………………………………251
子音について ……………………………………………………252
　1．唇音 …………………………………………………………252
　2．舌尖音 ………………………………………………………253

− v −

3．舌根音 …………………………………253
  4．舌面音 …………………………………253
  5．捲舌音 …………………………………254
  6．舌歯音 …………………………………255
  ♥有気音と無気音 …………………………255

数字で見る中国情報 …………………………………257

面積	…………259	最高峰	…………260
地形比率	…………259	標高が最も低い地点	…260
人口	…………259	最長の河川	…………260
都市と農村の人口	………259	最大の湖沼	…………260
民族	…………259	最大の平野	…………260
少数民族の人口	…………259	最大の盆地	…………260
行政区画	…………259	最大の砂漠	…………260
行政区画別の最大人口	…260		

あいうえお順で引く
簡便表現

あ

ああ。〈同意・気づく〉	啊！ À!
ああ。〈了解・気づく〉	噢！ Ō!
ああ。〈思いあたる〉	哦！ Ò!
相変わらずです。	还是 老 样子。 Háishi lǎo yàngzi.
愛しています。	我 爱 你。 Wǒ ài nǐ.
(部屋は)空いていますか。	有 空房 吗？ Yǒu kòngfáng ma?
(ここは)空いていますか。	这儿 有 人 吗？ Zhèr yǒu rén ma?
(ドアは)開いていますか。	门 开着 吗？ Mén kāizhe ma?
(ドアを)開けて下さい。	请 开 一 下 门。 Qǐng kāi yí xià mén.
握手して下さい。	请 握 手。 Qǐng wò shǒu.
あけましておめでとう。	新年 好！ Xīnnián hǎo!

あげる。	ケイ ニィ 给 你。 Gěi nǐ.
明日会いましょう。	ミんティエシ チィエシ 明天 见。 Míngtiān jiàn.
明日までに。	タオ ミんティエシ ウェイ チ 到 明天 为 止。 Dào míngtiān wéi zhǐ.
足がだるくなった。	とイ ソワシ ラ 腿 酸 了。 Tuǐ suān le. とイ ぱオレイ ラ 腿 跑累 了。 Tuǐ pǎolèi le.
(荷物を)預けていきましょう。	チュイ チィつシ シィえリィ バァ 去 寄存 (行李) 吧。 Qù jìcún (xíngli) ba.
汗をかいた。	ちュウハシ ラ 出汗 了。 Chūhàn le.
遊びましょう。	ワる バァ 玩儿 吧。 Wánr ba.
新しい！	ハオ シィシ ア 好 新 啊！ Hǎo xīn a!
あっ！〈驚き・苦痛〉	アイ ヨ 哎 哟！ Āi yō!
暑い！	ヘン ろぉ 很 热！ Hěn rè! たイ ろぉ ラ 太 热 了！ Tài rè le!

— 4 —

熱い！	很 烫！ Hěn tàng! 太 烫 了！ Tài tàng le!
あつかましい。	不 要 脸。 Bú yào liǎn. 真是 厚脸皮！ Zhēnshi hòuliǎnpí!
会ったことはない。	没 见过 面。 Méi jiànguo miàn.
頭が痛いです。	我 头 疼。 Wǒ tóu téng.
頭にきた！	气死 我 了！ Qìsǐ wǒ le!
あてになりますか。	可靠 吗？ Kěkào ma?
後でまた。	回头 见。 Huítóu jiàn.
後でまた来ます。	我 呆 会儿 再 来。 Wǒ dāi huìr zài lái.
あなたは？	你 呢？ Nǐ ne?
あなたが好き。	我 喜欢 你。 Wǒ xǐhuan nǐ.

あなたのですか。	是 你 的 吗? Shì nǐ de ma?
あなたの名前は?	你 叫 什么 名字? Nǐ jiào shénme míngzi?
あなたの話を聞きましょう。	听听 你 说 的。 Tīngting nǐ shuō de.
危ない!	危险! Wēixiǎn! 小心 点儿! Xiǎoxīn diǎnr!
あまり好きではない。	不 太 喜欢。 Bú tài xǐhuan.
あまり遠くない。	不 太 远。 Bú tài yuǎn.
雨が降っている。	下着 雨 呢。 Xiàzhe yǔ ne.
雨が降ってきた。	下 雨 了。 Xià yǔ le.
ありがとう。	谢谢。 Xièxie. 多谢。 Duōxiè.
あります。	有。 Yǒu.

ありますか。	ヨウ マァ? 有 吗? Yǒu ma?
ありません。	メイヨウ 没有。 Méiyǒu.
あれっ。〈驚き〉	アイヤァテ 哎呀! Āiyā!
あれは何ですか。	ナァ シ シェシモ 那 是 什么? Nà shì shénme?
アレルギー体質です。	ウヲ シ クゥオミンシィん てイチ 我 是 过敏性 体质。 Wǒ shì guòmǐnxìng tǐzhì.
歩いて行きましょう。	ツゥオチョ チュイ バァ 走着 去 吧。 Zǒuzhe qù ba.
アルバイトをしています。	ツァイ タァコォん 在 打工。 Zài dǎgōng.
あわてないで。	ビィエ チャオチイ 别 着急。 Biē zháojí.
アンコール!	ツァイ ライ イ ツ 再 来 一 次! Zài lái yí cì! ツァイ ライ イ コ 再 来 一 个! Zài lái yí ge!
案内して下さい。	ちぃん (ケイ ウヲ) タイ ルゥ 请 (给 我) 带 路。 Qǐng (gěi wǒ) dài lù.
案内しましょう。	ウヲ ライ タイ ルゥ 我 来 带 路。 Wǒ lái dài lù.

— 7 —

い

いいえ、違います。	不是。 Bú shì.
いいえ、結構です。	不要了。 Bú yào le.
いいお天気ですね。	天气真好啊! Tiānqì zhēn hǎo a!
いいですよ。	好! Hǎo! 行! Xíng!
いい考えですね。	好主意! Hǎo zhǔyi!
いい気持ちだ。	真舒服! Zhēn shūfu!
いいんですよ。	没什么。 Méi shénme.
家に帰らなくちゃ。	该回家了。 Gāi huí jiā le.
家まで送りますよ。	我送你回家。 Wǒ sòng nǐ huí jiā.
いかがですか。	你怎么样? Nǐ zěnmeyàng?

— 8 —

行かないで。	别 去。 Bié qù.
行かなければならない。	要 走 了。 Yào zǒu le. 该 走 了。 Gāi zǒu le.
行きましょう。	走 吧。 Zǒu ba.
いくらですか。	多少 钱? Duōshao qián?
医者を呼んで下さい。	请 叫 医生 来。 Qǐng jiào yīshēng lái.
いずれまた会いましょう。	以后 有 机会 再见。 Yǐhòu yǒu jīhuì zàijiàn. 后 会 有 期。 Hòu huì yǒu qī.
急いでいます。	我 有 急事。 Wǒ yǒu jíshì.
急いで下さい。	请 快 点儿。 Qǐng kuài diǎnr.
忙しい。	很 忙。 Hěn máng.
忙しいですか。	你 忙 吗? Nǐ máng ma?

忙しくない。	不 忙。 Bù máng.
痛い！	很 疼 啊! Hěn téng a! 疼 得 要命! Téng de yàomìng!
一日おきに。	隔 一 天。 Gé yì tiān.
一度見ました。	看过 一 次。 Kànguo yí cì.
一度読んで下さい。	请 念 一 遍。 Qǐng niàn yí biàn.
いつですか。	什么 时候? Shénme shíhou?
一生懸命にやります。	拼命 干。 Pīnmìng gàn. 努力 干。 Nǔlì gàn.
一緒に歌いましょう。	一块儿 唱 吧! Yíkuàir chàng ba!
一緒に来て下さい。	一起 来 吧。 Yìqǐ lái ba.
一緒に行きましょう。	一起 去 吧。 Yìqǐ qù ba.

一番好きです。	我 最 喜欢。 Wǒ zuì xǐhuan.
言っていることが分かりません。	我 不 懂 你 说 的 话。 Wǒ bù dǒng nǐ shuō de huà.
今、何時ですか。	现在 几 点？ Xiànzài jǐ diǎn?
今はまだ分かりません。	现在 还 不 知道。 Xiànzài hái bù zhīdao.
いやです。	不行！ Bùxíng! 我 不 愿意！ Wǒ bú yuànyi!
いらっしゃいませ。	欢迎 光临。 Huānyíng guānglín.
いります。	要。 Yào.
いりません。	不 要。 Bú yào.
色合いがいい。	颜色 真 漂亮 啊！ Yánsè zhēn piàoliang a!
色違いのものがありますか。	有 其他 颜色 的 吗？ Yǒu qítā yánsè de ma?

う

受け取って下さい。	请 收下。 Qǐng shōuxià. 请 收好。 Qǐng shōuhǎo.
後ろを見て！	请 回 一 下 头。 Qǐng huí yí xià tóu. 请 看 后面。 Qǐng kàn hòumian.
うそつき！	骗 人！ Piàn rén!
歌いましょう。	唱 吧。 Chàng ba.
美しい！	漂亮！ Piàoliang!
うまい〈上手〉！	真 棒！ Zhēn bàng!
うまいこと言いますね。	真 会 说话！ Zhēn huì shuōhuà!
うるさい！	真 讨厌！ Zhēn tǎoyàn!
うれしい！	太 高兴 了！ Tài gāoxìng le!

運が悪い。	运气 不 好。 Yùnqì bù hǎo.
運転手さん！	师傅！ Shīfu! 驾驶员。 Jiàshǐyuán.
運賃はいくら。	车费 多少 钱？ Chēfèi duōshao qián?

え

え！〈疑い・怪しみ〉	嗯！ Ng!
英語を話せますか。	会 说 英语 吗？ Huì shuō Yīngyǔ ma?
絵はがきが欲しい。	我 想要 美术 明信片。 Wǒ xiǎngyào měishù míngxìnpiàn.
～へはどう行くのですか。	到 ～ 怎么 走？ Dào ～ zěnme zǒu?
選んで下さい。	请 挑选。 Qǐng tiāoxuǎn.
絵を描いて下さい。	请 画 画儿。 Qǐng huà huàr.
延期になりました。	延期 了。 Yánqī le.
延長して下さい。	请 延长 一 下。 Qǐng yáncháng yí xià.
遠慮なさらずに。	别 客气。 Bié kèqi.

— 14 —

お

おいしい〈食べて〉！	好吃！ Hǎochī!
おいしい〈飲んで〉！	好喝！ Hǎohē!
おお！〈了解・気づく〉	噢！ Ō!
おお！〈思いあたる〉	哦！ Ò!
多いですね。	很 多 啊！ Hěn duō a!
大きい！	太 大 了！ Tài dà le!
大きめのがいいな。	大 一点儿 的 比较 好。 Dà yìdiǎnr de bǐjiào hǎo. 最 好 是 大 一点儿 的。 Zuì hǎo shì dà yìdiǎnr de.
大きな声で！	大声 点儿！ Dàshēng diǎnr!
おかけ下さい。	请 坐。 Qǐng zuò.
おかげさまで。	托 您 的 福。 Tuō nín de fú.

お体に気をつけて。	请 多多 保重。 Qǐng duōduō bǎozhòng.
おかしい。	真 好笑！ Zhēn hǎoxiào!
おかしい。(変)	真 奇怪！ Zhēn qíguài!
おかまいなく。	别 张罗。 Bié zhāngluo. 不 用 忙。 Bú yòng máng.
遅れてすみません。	我 来晚 了, 真 对不起。 Wǒ láiwǎn le, zhēn duìbuqǐ.
お気がねなく。	别 客气。 Bié kèqi. 不 要 拘束。 Bú yào jūshù.
起きて！	起床 了！ Qǐchuáng le!
お口に合いますか。	合 你 的 口味 吗？ Hé nǐ de kǒuwèi ma?
お元気で。	请 保重。 Qǐng bǎozhòng.
お元気ですか。	你 身体 好 吗？ Nǐ shēntǐ hǎo ma?

起こして下さい。	请 叫醒 我。 Qǐng jiàoxǐng wǒ.
惜しい！	太 可惜！ Tài kěxī!
押して下さい。	请 按 一 下。 Qǐng àn yí xià.
教えて下さい。	请 告诉 我 一 下。 Qǐng gàosu wǒ yí xià.
おじゃましました。	打扰 您 了。 Dǎrǎo nín le.
お世話になりました。	谢谢 您 的 帮助。 Xièxie nín de bāngzhù.
遅い！	太 晚 了！ Tài wǎn le!
お茶を下さい。	请 给 我 一 杯 茶。 Qǐng gěi wǒ yì bēi chá.
お茶をどうぞ。	请 喝 茶 吧。 Qǐng hē chá ba.
おたずねしますが。	请问。 Qǐngwèn.
おつりが足りない。	找头 不 够。 Zhǎotou bú gòu.

落ち着いて。	冷静 点儿。	Lěngjìng diǎnr.
お疲れさまでした。	辛苦 了。	Xīnkǔ le.
音が聞こえない。	声音 听不见。	Shēngyīn tīngbujiàn.
落としてしまった。	掉 了。	Diào le.
踊りましょう。	一起 跳 吧。	Yìqǐ tiào ba.
お腹が痛い！	肚子 疼。	Dùzi téng.
お腹がすいた。	肚子 饿 了。	Dùzi è le.
お腹がいっぱいです。	吃饱 了。	Chībǎo le.
同じものがいい。	最 好 是 一样 的 东西。	Zuì hǎo shì yíyàng de dōngxi.
お名前は。	你 叫 什么 名字?	Nǐ jiào shénme míngzi?
おねえさん！〈呼びかけ〉	小姐！	Xiǎojie!
お入り下さい。	请 进。	Qǐng jìn.

おはよう。	你 早。 Nǐ zǎo. 早上 好。 Zǎoshang hǎo.
お久しぶりですね。	好 久 不 见 了。 Hǎo jiǔ bú jiàn le.
おぼれちゃうよ。	快 淹死 了! Kuài yānsǐ le!
お待たせしました。	让 您 久 等 了。 Ràng nín jiǔ děng le.
お待ちしています。	我 等 你 来。 Wǒ děng nǐ lái.
お招きありがとうございます。	谢谢 你 的 邀请。 Xièxie nǐ de yāoqǐng.
お見送りありがとうございます。	谢谢 你 来 送 我。 Xièxie nǐ lái sòng wǒ.
おみやげを買いたい。	我 想 买 礼物。 Wǒ xiǎng mǎi lǐwù.
おめでとうございます。	恭喜 恭喜! Gōngxǐ gōngxǐ! 祝贺 你! Zhùhè nǐ!
重い!	太 重 了! Tài zhòng le!

思い出して下さい。	请 想想 看。 Qǐng xiǎngxiang kàn.
思い出になります。	这 是 美好 的 回忆。 Zhè shì měihǎo de huíyì.
おもしろい！	有意思！ Yǒuyìsi!
おもしろくない！	没 有意思！ Méi yǒuyìsi!
思いもよらなかった。	没 想到。 Méi xiǎngdào.
お目にかかれてうれしいです。	见到 您，我 很 高兴。 Jiàndào nín, wǒ hěn gāoxìng.
おやすみ。	晚安！ Wǎn'ān!
お湯沸いた？	水 开 了 吗？ Shuǐ kāi le ma?
お湯を注いで下さい。	给 我 倒 水 吧。 Gěi wǒ dào shuǐ ba.
泳ぎに行きましょう。	咱们 去 游泳 吧。 Zánmen qù yóuyǒng ba.
降ります。	我 要 下 车。 Wǒ yào xià chē.

お別れですね。	又 該 分手 了。 Yòu gāi fēnshǒu le. 该 说 再见 的 时候 了。 Gāi shuō zàijiàn de shíhou le.
音楽が聴きたい。	我 想 听 音乐。 Wǒ xiǎng tīng yīnyuè.

か

会議があります。	有 个 会议。 Yǒu ge huìyì.
外国宛の小包ですか。	是 寄往 国外 的 邮包 吗? Shì jìwǎng guówài de yóubāo ma?
風邪をひきました。	感冒 了。 Gǎnmào le.
階段で行きましょう。	上 楼梯 吧。 Shàng lóutī ba.
書いて下さい。	请 写 一 下。 Qǐng xiě yí xià.
買い物に行きます。	去 买 东西。 Qù mǎi dōngxi.
返して下さい。	还给 我。 Huángěi wǒ.
帰らなければなりません。	我 该 回去 了。 Wǒ gāi huíqu le.
鍵を閉めて。	请 上 锁。 Qǐng shàng suǒ.
確認して下さい。	请 确认 一 下。 Qǐng quèrèn yí xià.
傘を持っていって下さい。	把 伞 带去。 Bǎ sǎn dàiqu.

かしこまりました。	知道了。 Zhīdao le.
火事だ！	失火了！ Shī huǒ le!
貸して下さい。	请借给我。 Qǐng jiègěi wǒ.
数えて下さい。	请数一下。 Qǐng shǔ yí xià. 请点一下。 Qǐng diǎn yí xià.
風邪をひいたみたい。	好像感冒了。 Hǎoxiàng gǎnmào le.
片道10キロの道のりです。	单程十公里的路程。 Dānchéng shí gōnglǐ de lùchéng.
カタログはありますか。	有样本吗？ Yǒu yàngběn ma?
悲しい！	真伤心！ Zhēn shāngxīn!
金がなくて買えません。	买不起。 Mǎibuqǐ.
かまいません。	没关系。 Méi guānxi.
神に誓って。	向天发誓。 Xiàng tiān fāshì.

— 23 —

かゆい！	痒 极了！ Yǎng jíle!
カラオケをしましょう。	去 唱 卡拉OK 吧。 Qù chàng kǎlāOK ba.
借りてもいいですか。	可以 借用 一 下 吗? Kěyǐ jièyòng yī xià ma?
彼、どうして来ないの。	他 怎么 不 来? Tā zěnme bù lái?
彼のことは知らない。	不 认识 他。 Bú rènshi tā.
彼、よく勉強するね。	他 很 用功。 Tā hěn yònggōng.
可愛い！	可爱！ Kě'ài!
代わりましょうか。	替换 一 下 吧。 Tìhuàn yí xià ba.
考えているところです。	正在 考虑。 Zhèngzài kǎolǜ.
環境はどうですか。	环境 怎么样? Huánjìng zěnmeyàng?
観光したい。	想 上街 逛逛。 Xiǎng shàngjiē guàngguang.

感謝の気持ちでいっぱいです。	真是 感激 不尽。 Zhēnshi gǎnjī bújìn.
勘定してください。	请 结帐。 Qǐng jiézhàng. 请 算帐。 Qǐng suànzhàng.
簡単ですよ。	太 简单 了! Tài jiǎndān le! 很 简单 啊! Hěn jiǎndān a!
感動しました。	真 感人! Zhēn gǎnrén! 很 感动! Hěn gǎndòng!
乾杯!	干杯! Gānbēi!
頑張ります。	加油 干。 Jiāyóu gàn.
がんばれ!	加油! Jiāyóu!
完璧ですよ。	真是 十全 十美 啊! Zhēnshi shíquán-shíměi a!

き

聞いて下さい。	叫 我 说 呀! Jiào wǒ shuō ya!
着替えて!	换 衣服 吧。 Huàn yīfu ba.
気がつきませんでした。	我 没 注意到。 Wǒ méi zhùyìdào.
聞こえません。	没 听见。 Méi tīngjiàn.
きたない!	太 脏 了! Tài zāng le!
貴重品に気をつけて!	请 注意 贵重 物品。 Qǐng zhùyì guìzhòng wùpǐn.
きちんと包んで下さい。	请 给 我 包好! Qǐng gěi wǒ bāohǎo!
きっとうまくいきますよ。	没 问题。 Méi wèntí. 一定 会 成功 的。 Yídìng huì chénggōng de.
気にしないで。	没 关系。 Méi guānxi. 别 在乎。 Bié zàihu.

記入して下さい。	请 填写 一下。 Qǐng tiánxiě yí xià.
記念になります。	留作 纪念。 Liúzuò jìniàn.
気の毒に。	太 可怜 了! Tài kělián le!
気分が悪いのです。	我 不 舒服。 Wǒ bù shūfu.
決まった!	决定 了! Juédìng le!
気持ちがいい。	心情 舒畅。 Xīnqíng shūchàng. 舒服 极了! Shūfu jíle!
キャンセルしたい。	我 想 取消～ Wǒ xiǎng qǔxiāo～
救急車を呼んで!	快 叫 救护车! Kuài jiào jiùhùchē!
急用ができました。	我 有 急事。 Wǒ yǒu jíshì.
今日はこれで授業を終わります。	今天 就 讲到 这儿, Jīntiān jiù jiǎngdào zhèr, 下课。 xiàkè.

今日は本当にありがとう。	今天 非常 感谢。 Jīntiān fēicháng gǎnxiè.
今日は本当にいい天気です。	今天 天气 真 好! Jīntiān tiānqì zhēn hǎo!
今日は何月何日何曜日？	今天 几月几号，星期 几? Jīntiān jǐ yuè jǐ hào, xīngqī jǐ?
興味ありません。	我 不 感 兴趣。 Wǒ bù gǎn xìngqù.
キョロキョロする。	东 瞧瞧 西 看看。 Dōng qiáoqiao xī kànkan. 东张 西望。 Dōngzhāng-xīwàng.
嫌いだ！	真 讨厌! Zhēn tǎoyàn! 我 不 喜欢。 Wǒ bù xǐhuan.
きれい！	漂亮! Piàoliang!
気をつけて！	要 小心! Yào xiǎoxīn! 小心 点儿! xiǎoxīn diǎnr!
禁煙席ですか。	是 禁烟 座位 吗? Shì jìnyān zuòwèi ma?

緊急です。	ヘン チィンポオ 很　紧迫。 Hěn　jǐnpò.

〔立ち入り・通り抜け・喫煙・撮影〕禁止！

チィシチ　　ルゥネイ　チョワシィえん
禁止　｛入内・　穿行　・
Jìnzhǐ　　rùnèi・chuānxíng・

シイイェシ　パイチャオ
吸烟・拍照　｝！
xīyān・pāizhào　　！

く

具合が悪いのですが。	我 身体 不 舒服。 Wǒ shēntǐ bù shūfu.
空席です。	有 空座。 Yǒu kòngzuò.
空腹です。	肚子 饿 了。 Dùzi è le.
クーラーをつけますか。	开 冷气 吗？ Kāi lěngqì ma?
くさい！	臭死 了！ Chòusǐ le!
口答えはするな！	不要 顶 嘴！ Búyào dǐng zuǐ!
くどい！	别 罗唆 了！ Biē luōsuo le!
曇ってきた。	天 阴 了。 Tiān yīn le.
雲行きがあやしい。	像 要 变 天 了。 Xiàng yào biàn tiān le.
暗い！	太 暗 了！ Tài àn le!
苦しい！	难受 极了！ Nánshòu jíle!

車に乗ろう。	シャん ちョ バァ 上 车 吧。 Shàng chē ba.
クレジットカードは使えますか。	ノえ ショえ シィショえかァ マァ 能 使用 信用卡 吗? Néng shǐyòng xìnyòngkǎ ma?

け

警察を呼んで下さい。	快 叫 警察 来！ Kuài jiào jǐngchá lái!
計算が違っています。	算错 了。 Suàncuò le.
携帯電話に連絡下さい。	请 打 我 的 手机。 Qǐng dǎ wǒ de shǒujī.
契約します。	签订 合同。 Qiāndìng hétóng.
けがをしました。	受 伤 了。 Shòu shāng le.
ケチッ！	小气！ Xiǎoqì!
血液型？	血型 呢？ Xuèxíng ne?
血液型はA型です。	血型 是 A 型。 Xuèxíng shì A xíng.
結構です。	行了。 Xíngle.
結婚していますか。	结婚 了 吗？ Jiéhūn le ma?
下痢をしています。	我 拉 肚子 了。 Wǒ lā dùzi le.

元気だして！	打起 精神 来。 Dǎqǐ jīngshén lai. (タテちイ チィンシェン ライ)
元気です。	我 很 好。 Wǒ hěn hǎo. (ウヲ ヘン ハオ)
現金で払います。	付 現金。 Fù xiànjīn. (フゥ シィエンチィン)

こ

光栄です。	很 荣幸。 Hěn róngxìng.
後悔しても遅いですよ。	后悔 也 来不及 呀! Hòuhuǐ yě láibují ya!
交換したいのですが。	想 换一换。 Xiǎng huànyihuan.
高級ですね。	真 高级 啊! Zhēn gāojí a!
公衆電話はありますか。	有 公用 电话 吗? Yǒu gōngyòng diànhuà ma?
交通事故です。	出 交通 事故 了。 Chū jiāotōng shìgù le.
交通は便利ですか。	交通 方便 吗? Jiāotōng fāngbiàn ma?
強盗だ!	有 强盗! Yǒu qiángdào!
ご遠慮なく。	不要 客气。 Búyào kèqi.
ご家族の皆様によろしく。	向 您 全家 问好。 Xiàng nín quánjiā wènhǎo.
ご機嫌いかがですか。	你 身体 好 吗? Nǐ shēntǐ hǎo ma?

ご苦労様。	辛苦 了。 Xīnkǔ le.
ここに書いて下さい。	请 写在 这儿。 Qǐng xiězài zhèr.
ここで書いて下さい。	请 在 这儿 写 一 下。 Qǐng zài zhèr xiě yí xià.
ここはどこですか。	这儿 是 什么 地方? Zhèr shì shénme dìfang?
心から歓迎します。	热烈 欢迎! Rèliè huānyíng!
ご紹介します。	我 来 介绍 一 下。 Wǒ lái jièshào yí xià.
ご心配おかけしました。	叫 你 费心 啦。 Jiào nǐ fèixīn la. 让 您 费心 啦。 Ràng nín fèixīn la.
ご心配なく。	别 担心。 Bié dānxīn. 请 放心。 Qǐng fàngxīn.
こそこそ話してはいけません。	不要 交头接耳。 Búyào jiāotóu-jiē'ěr.
ごちそうさまでした。	吃饱 了。 Chībǎo le.

— 35 —

こちらこそ。	好说,好说! Hǎoshuō, hǎoshuō!
こちらは~さんです。	这位是~。 Zhè wèi shì ~.
こっちへ行こう。	往这儿走。 Wǎng zhèr zǒu.
この料理を下さい。	我想要这个菜。 Wǒ xiǎngyào zhège cài.
こまかいお金はありませんか。	有没有零钱? Yǒuméiyǒu língqián?
困った!	糟了! Zāo le!
ご満足いただけましたか。	您满意吗? Nín mǎnyì ma?
ゴミをすてる。	倒垃圾。 Dào lājī.
ご迷惑かけます。	添麻烦了。 Tiān máfan le. 麻烦你。 máfan nǐ.
ご面倒をお掛けしました。	给您添麻烦了。 Gěi nín tiān máfan le.

ごめんなさい。	对不起。 Duìbuqǐ.
断られた。	被 拒绝 了。 Bèi jùjué le.
これが欲しい。	我 想要 这个。 Wǒ xiǎngyào zhège.
これから授業を始めます。	现在 开始 上课。 Xiànzài kāishǐ shàngkè.
これでいいですか。	这样 行 吗? Zhèyàng xíng ma?
これは何ですか。	这 是 什么? Zhè shì shénme?
これは何といいますか。	这个 叫 什么? Zhège jiào shénme?
こわれた!	坏 了! Huài le!
こんにちは。	你 好! Nǐ hǎo! 您 好! Nín hǎo!
こんばんは。	晚上 好! Wǎnshang hǎo!

さ

最近どうですか。	最近 怎么样? Zuìjìn zěnmeyàng?
財布をなくしました。	钱包 丢 了。 Qiánbāo diū le.
サインして下さい。	请 签 个 字。 Qǐng qiān ge zì.
探して下さい。	请 找 一 下。 Qǐng zhǎo yí xià.
さっぱりした。	觉得 很 爽快。 Juéde hěn shuǎngkuai. 舒服 极了! Shūfu jíle!
サービス料込みですか。	包括 服务费 吗? Bāokuò fúwùfèi ma?
寂しい。	太 寂寞 了! Tài jìmò le!
寒いですか。	冷不冷? Lěngbulěng?
寒気がする。	我 发 冷。 Wǒ fā lěng. 我 觉得 有点儿 冷。 Wǒ juéde yǒudiǎnr lěng.

触ってみて！	モヲモオ　カン 摸摸　看。 Mōmo kàn.
さようなら。	ツァイチィエン 再见。 Zàijiàn.
参加しましょう。	ツァンチィア　バァ 参加　吧。 Cānjiā ba.
賛成です、そうしましょう。	ウヲ　ツァンちょえん　チィウ　チョモ　バン　バァ 我　赞成，就　这么　办　吧。 Wǒ zànchéng, jiù zhème bàn ba.
残念！	たイ　イハン　ラ 太　遗憾　了！ Tài yíhàn le!
散歩しましょう。	サシサン　ブゥ　バァ 散散　步　吧。 Sànsan bù ba.

し

幸せ！	我 真 幸运! Wǒ zhēn xìngyùn!
仕方ない。	没 办法。 Méi bànfǎ.
しかられた。	挨 骂 了。 Āi mà le.
自業自得だ。	自作 自受 嘛。 Zìzuò-zìshòu ma.
時間厳守！	严守 时间。 Yánshǒu shíjiān. 准时 不 误。 Zhǔnshí bú wù.
時刻表で調べよう。	查询 一 下 时刻表 吧。 Cháxún yí xià shíkèbiǎo ba.
仕事が忙しい。	工作 太 忙 了。 Gōngzuò tài máng le.
自信ありません。	没有 信心。 Méiyǒu xìnxīn.
静かにして下さい。	请 安静! Qǐng ānjìng! 请 安静 点儿! Qǐng ānjìng diǎnr!

知っています。	知道。 Zhīdao.
失敗した！	失败 了。 Shībài le.
失礼します。	失陪 了。 Shīpéi le. 我 先 走 一 步。 Wǒ xiān zǒu yí bù.
失礼しなければなりません。	我 该 走 了。 Wǒ gāi zǒu le.
質問ありませんか。	有 问题 吗？ Yǒu wèntí ma?
しばらくですね。	好 久 不 见 了。 Hǎo jiǔ bú jiàn le.
しまった！	糟糕！ Zāogāo!
知りません。	不 知道。 Bù zhīdao.
写真を撮りましょう。	照 个 相 吧。 Zhào ge xiàng ba.
写真を撮って下さい。	帮 我 照 张 相，好 吗？ Bāng wǒ zhào zhāng xiàng, hǎo ma?
写真を撮ってもいいですか。	可以 照相 吗？ Kěyǐ zhàoxiàng ma?

邪魔しないで。	不要 打扰。 Búyào dǎrǎo.
実際のところ、	实际上，～ Shíjìshang, ～
実は、	其实～ Qíshí～
しらける。	真 扫兴！ Zhēn sǎoxìng!
調べて下さい。	请 查 一 下。 Qǐng chá yí xià.
じれったい。	真 急死 人 了！ Zhēn jísǐ rén le! 真 叫 人 不 耐烦！ Zhēn jiào rén bú nàifán!
自由にどうぞ。	请 随便。 Qǐng suíbiàn.
住所を教えて下さい。	请 告诉 我 地址。 Qǐng gàosu wǒ dìzhǐ.
修理して下さい。	请 给 我 修 一 下。 Qǐng gěi wǒ xiū yí xià.
手術をするんですか。	要 动 手术 吗？ Yào dòng shǒushù ma?

趣味はなんですか。	你 的 爱好 是 什么? Nǐ de àihào shì shénme?
順調ですか。	顺利 吗? Shùnlì ma?
準備OK。	准备 好 了! Zhǔnbèi hǎo le!
食事しませんか。	咱们 去 吃 点儿 饭 吧。 Zánmen qù chī diǎnr fàn ba.
上手ですね。	真 不错! Zhēn búcuò!
冗談でしょう。	你 在 开 玩笑 吧? Nǐ zài kāi wánxiào ba?
冗談ですよ。	开 个 玩笑 嘛。 Kāi ge wánxiào ma.
丈夫なものがいい。	最 好 是 结实 点儿 的。 Zuì hǎo shì jiēshi diǎnr de.
食欲がありません。	我 胃口 不 好。 Wǒ wèikǒu bù hǎo.
申告して下さい。	请 申报 一 下。 Qǐng shēnbào yí xià.
信じられない。	真 不 敢 相信! Zhēn bù gǎn xiāngxìn! 简直 难以 相信! Jiǎnzhí nányǐ xiāngxìn!

心臓が悪いです。	心脏 不 好。 Xīnzàng bù hǎo.
死んでしまいました。	死 了。 Sǐ le. 去世 了。 Qùshì le.
心配しないで。	不要 担心。 Búyào dānxīn.
心配です。	很 担心。 Hěn dānxīn.
新年おめでとう。	新年 好。 Xīnnián hǎo.

す

スイッチを入れて下さい。	请 打开 开关。 Qǐng dǎkāi kāiguān.
ずいぶん待ったよ。	等了 很 久 了。 Děngle hěn jiǔ le.
好きです。	我 很 喜欢。 Wǒ hěn xǐhuan.
すぐ来て下さい。	请 马上 来。 Qǐng mǎshang lái.
すぐ行きます。	马上 去。 Mǎshang qù.
少ない。	太 少 了! Tài shǎo le!
すごい!	太 棒 了! Tài bàng le! 真 棒! Zhēn bàng!
少しだけ。	只要 一点点。 Zhǐyào yìdiǎndiǎn.
少しまけて下さい。	便宜 点儿 吧! Piányi diǎnr ba!
少しゆっくり話して下さい。	请 说 慢 一点儿。 Qǐng shuō màn yìdiǎnr.

すずしくて気持ちがいい。	好 凉快， 真 舒服！ Hǎo liángkuai, zhēn shūfu!
頭痛がします。	头 疼。 Tóu téng.
すっきりしました。	真 痛快！ Zhēn tòngkuai!
すてきですね。	真 好看！ Zhēn hǎokàn!
捨てましょう。	扔掉 吧！ Rēngdiào ba!
すばらしい。	太 好 了！ Tài hǎo le! 好 极了！ Hǎo jíle!
スピードアップして。	请 加快 速度！ Qǐng jiākuài sùdù!
スリだ！	扒手！ Páshǒu!
ずるいよ。	太 狡猾 了！ Tài jiǎohuá le!
すみません。	对不起。 Duìbuqǐ.

— 46 —

すみませんが、	劳驾, ラオチィア Láojià,

すみませんが、譲って下さい。	请 让一让。 ちぃん らぇイらん Qǐng ràngyirang.
座ってもいいですか。	可以 坐在 这儿 吗? こイ ツゥヲツァイ チョゥる マァ Kěyǐ zuòzài zhèr ma?

せ

税金がかかりますか。	需要 上 税 吗? Xūyào shàng shuì ma?
成功をお祈りいたします。	祝 您 成功! Zhù nín chénggōng!
西洋の薬を下さい。	请 给 我 西药。 Qǐng gěi wǒ xīyào.
席を譲ってくれませんか。	请 让 一 下 座位 好 吗? Qǐng ràng yí xià zuòwèi hǎo ma?
責任をとって下さい。	你 要 负责。 Nǐ yào fùzé.
せっかちすぎるよ。	你 太 性急 了。 Nǐ tài xìngjí le.
ぜひ、来て下さい。	请 一定 来。 Qǐng yídìng lái.
専攻は何ですか。	学 什么 专业? Xué shénme zhuānyè? 你 的 专业 是 什么? Nǐ de zhuānyè shì shénme?

先日は(ご迷惑をかけて)ありがとう。	ちィエンシィエ ティエン ケイ ニィ ティエン 前些 天 给 你 添 Qiánxiē tiān gěi nǐ tiān マテファン ラ トゥヲシィエ ラ 麻烦 了, 多谢 了。 máfan le, duōxiè le.
先生こんにちは。	ラオシ ハオ 老师 好。 Lǎoshī hǎo.
全部でいくらですか。	イコォえ トゥヲシャオ ちィエン 一共 多少 钱? Yígòng duōshao qián?

そ

そうかも知れない。	也许 是 那样。 Yěxǔ shì nàyàng.
そうだ！	对 了！ Duì le!
そうです。	对。 Duì.
そうですね。	对 啊！ Duì a!
外に出て下さい。	请 出去。 Qǐng chūqu.
そのとおり。	对。 Duì. 没 错儿。 Méi cuòr.
その必要はありません。	不 用 了。 Bú yòng le.
それから〜	然后〜 Ránhòu〜
それで結構です。	得了。 Déle.
それは大変！	那 可 不得了！ Nà kě bùdéliǎo!

— 50 —

それに~	再说~ Zài shuō~
それもそうですね。	也有道理。 Yě yǒu dàoli.
そんなことありません。	没那回事。 Méi nà huí shì.
損をした。	吃亏了。 Chīkuī le.

た

退屈だな。	太无聊了! Tài wúliáo le!
大したことない。	不要紧。 Bú yàojǐn.
大したもんだ。	了不起。 Liǎobuqǐ.
大丈夫です。	不要紧。 Bú yàojǐn.
大切にして下さい。	请好好儿珍藏。 Qǐng hǎohāor zhēncáng.
大体わかります。	大致的意思听懂了。 Dàzhì de yìsi tīngdǒng le. 大致明白了。 Dàzhì míngbai le.
大変だ!	不得了! Bùdéliǎo!
高すぎる!	太贵了! Tài guì le!
たくさん食べて!	多吃点儿。 Duō chī diǎnr.
確かめてみよう。	查查看。 Chácha kàn.

— 52 —

助けて！	チィウミん ヤァ 救命 呀！ Jiùmìng ya! コワイ ライ れシ ヤァ 快 来 人 呀！ Kuài lái rén ya!
立って下さい。	ちぃん チャシちぃライ 请 站起来。 Qǐng zhànqǐlai.
脱帽！	りん れシ ペイフゥ 令 人 佩服。 Lìng rén pèifu.
楽しいですか。	ハオワァる マァ 好玩 吗？ Hǎowánr ma? カオシぃえ マァ 高兴 吗？ Gāoxìng ma?
楽しかった。	チェシ カイシぃィ 真 开心！ Zhēn kāixīn!
試してみよう。	シシ かシ 试试 看。 Shìshi kàn.
頼んだもの〔料理〕がきません。	ティエン ダ トォえシぃ 〔ツァイ〕 ハイ 点 的 东西 〔菜〕 还 Diǎn de dōngxi 〔cài〕 hái メイ シャェ ナ 没 上 呢。 méi shàng ne.
たばこを吸ってもいいですか。	コイ ちょウ イェシ マァ 可以 抽 烟 吗？ Kěyǐ chōu yān ma?
食べたい。	シぃアん ち 想 吃。 Xiǎng chī.

— 53 —

食べたくない。	不想吃。 Bù xiǎng chī.
黙って！	住口！ Zhù kǒu!
ダメッ！	不行！ Bùxíng!
だらしない。	太散漫了！ Tài sǎnmàn le!
だるい。	浑身没劲儿。 Húnshēn méi jìnr.
誰か来た。	有人来了。 Yǒu rén lái le.
誰か来て下さい。	来人呀！ Lái rén ya!
誰ですか。	谁啊？ Shuí a?
誰もいない。	没有人。 Méiyǒu rén.

ち

小さい！	タイ シィアオ 太 小！ Tài xiǎo!
違います。	ブゥ トイ 不 对。 Bú duì.
力不足です。	リィ ブゥ ツォん シィン 力 不 从 心。 Lì bù cóng xīn.
近道はありますか。	ヨウ チィンルゥ マァ 有 近路 吗？ Yǒu jìnlù ma?
近寄らないで！	リィ ウヲ ユアン ティアる 离 我 远 点儿。 Lí wǒ yuǎn diǎnr.
遅刻してすみません。	ちタオ ラ バオチィエン バオチィエン 迟到 了，抱歉，抱歉！ Chídào le, bàoqiàn, bàoqiàn!
チャンス！	ハオ チイホイ 好 机会！ Hǎo jīhuì!
中国が好きです。	ウヲ シィホワン チョォんグゥラ 我 喜欢 中国。 Wǒ xǐhuan Zhōngguó.
中国語は分かりません。	ウヲ ブゥ ホイ チョオんウェシ 我 不 会 中文。 Wǒ bú huì Zhōngwén.
中止しましょう。	ラタオ バァ 拉倒 吧。 Lādǎo ba. ツァンティん バァ 暂停 吧。 Zàntíng ba.

— 55 —

注文お願いします。〈品物〉	我要订货。 Wǒ yào dìnghuò.
注文お願いします。〈料理〉	我要点菜。 Wǒ yào diǎn cài.
着席して下さい。	请坐。 Qǐng zuò.
注意して下さい。	请注意! Qǐng zhùyì!
丁度いい!	正好! Zhèng hǎo! 正合适! Zhèng héshì!
直接話しましょう。	直截了当地说吧! Zhíjié-liǎodàng de shuō ba!
ちょっと教えて!	请告诉我一下。 Qǐng gàosu wǒ yí xià.
ちょっと貸して!	借一下。 Jiè yí xià. 借给我一下。 Jiègěi wǒ yí xià.
ちょっと聞いて!	请听一下。 Qǐng tīng yí xià.

ちょっと待って！	トェトン 等等。 Děngdeng. トン イ シィア 等 一 下。 Děng yí xià. ちィえ トン イ シィア 请 等 一 下。 Qǐng děng yí xià.
ちんぷんかんぷんだ。	ティエブットォン 听不懂。 Tīngbudǒng.

つ

ついでにお願いします。	顺便 拜托 了。 Shùnbiàn bàituō le.
通訳して下さい。	请 翻译 一 下。 Qǐng fānyì yí xià.
使い方を教えて下さい。	请 说明 一 下 用法。 Qǐng shuōmíng yí xià yòngfǎ.
使って下さい。	请 用 吧。 Qǐng yòng ba.
つかまえて下さい。	请 抓住。 Qǐng zhuāzhù. 别 放开。 Bié fàngkāi.
疲れた！	累死 了。 Lèisǐ le.
付き合って下さい。	请 作陪 一 下。 Qǐng zuòpéi yí xià. 请 陪 我 一 下。 Qǐng péi wǒ yí xià. 请 陪陪 我。 Qǐng péipei wǒ.
次は～	下面 是～ Xiàmian shì～

— 58 —

次の機会にしましょう。	等 下次 机会 吧。 Děng xiàcì jīhuì ba.
作り方教えて下さい。	请 说明 一 下 做法。 Qǐng shuōmíng yí xià zuòfǎ.
都合が悪い。	不 方便。 Bù fāngbiàn.
伝えて下さい。	请 传告。 Qǐng chuángào.
包んで下さい。	请 包装 一 下。 Qǐng bāozhuāng yí xià. 请 打 一 下 包。 Qǐng dǎ yí xià bāo.
つまらない。	无聊。 Wúliáo.
つまらないものですがどうぞ。	这 是 一点儿 小意思, Zhè shì yìdiǎnr xiǎoyìsi, 请 收下。 qǐng shōuxià.
冷たい!	太 凉 了! Tài liáng le!
つらい。	难过。 Nánguò. 难受。 Nánshòu.

— 59 —

連れていって！	たイ ウヲ ちュイ 带 我 去！ Dài wǒ qù!
強い！	たイ ちィアん ラ 太 强 了！ Tài qiáng le! たイ リィハイ ラ 太 厉害 了！ Tài lìhai le!

て

出かけましょう。	出去 吧。 Chūqu ba.
手紙を書きます。	给 你 写 信。 Gěi nǐ xiě xìn.
手紙を出したい。	想 给 你 寄 信。 Xiǎng gěi nǐ jì xìn.
手数料はかかりますか。	需要 手续费 吗? Xūyào shǒuxùfèi ma?
でたらめを言ってはいけない。	不要 瞎说。 Búyào xiāshuō.
手伝って下さい。	请 帮 个 忙。 Qǐng bāng ge máng.
手続きをして下さい。	请 办理 一 下 手续。 Qǐng bànlǐ yí xià shǒuxù.
手を貸して下さい。	请 帮 个 忙。 Qǐng bāng ge máng.
徹夜する。	开 夜车。 Kāi yèchē.
出ていって下さい。	走开! Zǒukāi!
テレビを見よう。	看看 电视 吧。 Kànkan diànshì ba.

手をつなごう。	手拉着手吧。 Shǒu lāzhe shǒu ba.
天気が良い。	天气真好！ Tiānqì zhēn hǎo!
伝言をお願いします。	请转告一下。 Qǐng zhuǎngào yí xià.
伝統がある。	有传统风味儿。 Yǒu huántǒng fēngwèir.
電話下さい。	请给我打电话。 Qǐng gěi wǒ dǎ diànhuà.
電話します。	我给你打电话。 Wǒ gěi nǐ dǎ diànhuà.
電話番号を教えて下さい。	电话号码多少？ Diànhuà hàomǎ duōshao?

と

トイレに行きたい。	我 想 去 洗手间。 Wǒ xiǎng qù xǐshǒujiān. 我 想 上 厕所。 Wǒ xiǎng shàng cèsuǒ.
トイレはどこですか。	厕所 在 哪儿? Cèsuǒ zài nǎr?
どういう意味ですか。	这 是 什么 意思? Zhè shì shénme yìsi?
どういたしまして。	没 事儿。 Méi shìr. 没 什么。 Méi shénme. 没 关系。 Méi guānxi. 哪里, 哪里。 Nǎli, nǎli.
どういたしまして。 〈お礼に対して〉	不 客气。 Bú kèqi. 别 客气。 Bié kèqi. 不 谢。 Bú xiè.
どうしてですか。	为什么 呢? Wèishénme ne?

― 63 ―

どうしよう。	怎么办呢？ Zěnme bàn ne?
どうしたことだ。	怎么回事呢？ Zěnme huí shì ne?
どうしてもできません。	怎么也不行。 Zěnme yě bù xíng.
どうしようもない。	没办法。 Méi bànfǎ.
どうすればいいですか。	怎么办呢？ Zěnme bàn ne? 该怎么办才好呢？ Gāi zěnme bàn cái hǎo ne?
どうぞ～	请～ Qǐng ～
どうぞお元気で。	多保重。 Duō bǎozhòng.
どうぞお大事に。	请多保重。 Qǐng duō bǎozhòng.
どうぞお座り下さい。	请坐。 Qǐng zuò.
どうぞお入り下さい。	请进。 Qǐng jìn.
どうぞよろしく。	请多多关照。 Qǐng duōduō guānzhào.

道中ご無事で。	イルゥ ぴんアシ 一路 平安! Yílù píng'ān!
どうであろうと~	ブゥコワン ツェンモヤァえ 不管 怎么样 ~ Bùguǎn zěnmeyàng ~
どうでもいいよ。	ウスゥヲウェイ 无所谓。 Wúsuǒwèi.
当分会えない。	イシ チィエシブッチャヂ 一时 见不着。 Yìshí jiànbuzháo.
どうもありがとう。	たイ シィエシィエ ラァ 太 谢谢 啦! Tài xièxie la!
どうもこうもないよ。	メイヨウ チャえファ 没有 章法。 Méiyǒu zhāngfǎ.
道理で~	ナンコワイ 难怪 ~ Nánguài ~
	コワイブッド 怪不得 ~ Guàibude ~
遠いですか。	ユアンブゥユアン 远 不远? Yuǎnbuyuǎn?
ドキドキ!	ちイ シャえ バテ シィア 七 上 八 下。 Qī shàng bā xià.
	たンた ブゥ アン 忐忑 不 安。 Tǎntè bù ān.
特徴はありますか。	ヨウ たチョえ マァ 有 特征 吗? Yǒu tèzhēng ma?

特別ですよ。	很 特殊 啊! Hěn tèshū a!
どこから来たのですか。	你 从 哪儿 来 的? Nǐ cóng nǎr lái de?
どこに行くのですか。	你 去 哪儿? Nǐ qù nǎr?
どこに住んでいるのですか。	你 住在 哪儿? Nǐ zhùzài nǎr?
どこまで行くのですか。	你 到底 要 去 哪儿? Nǐ dàodǐ yào qù nǎr?
年上です。	年纪 大。 Niánjì dà.
年下です。	年纪 小。 Niánjì xiǎo.
年はいくつですか。	
〈子供に対して〉	你 几 岁? Nǐ jǐ suì?
〈青年に対して〉	多 大 了? Duō dà le?
〈熟年に対して〉	多 大 岁数? Duō dà suìshu?
〈老年に対して〉	多 大 年纪? Duō dà niánjì?
どちら様ですか。	您 是 哪 位? Nín shì nǎ wèi?

途中まで。	到 半路。 Dào bànlù.
とてもうれしい。	很 高兴。 Hěn gāoxìng.
とてもよい。	非常 好。 Fēicháng hǎo.
届けに行こう！	咱们 送去 吧。 Zánmen sòngqu ba.
隣に座って！	请 坐在 旁边。 Qǐng zuòzài pángbiān.
怒鳴ることないでしょう。	不必 叫喊！ Búbì jiàohǎn! 不 用 发火 嘛！ Bú yòng fāhuǒ ma!
とにかく来て下さい。	总之 请 来 一 下。 Zǒngzhī qǐng lái yí xià.
どのように行くのですか。	怎么 走？ Zěnme zǒu?
どのように書くのですか。	怎么 写 呢？ Zěnme xiě ne? 怎么 填写 好 呢？ Zěnme tiánxiě hǎo ne?
飛び下りよう。	跳下去 吧！ Tiàoxiàqu ba!

トラベラーズチェックは使えますか。	能 用 旅行 支票 吗? Néng yòng lǚxíng zhīpiào ma?
取りかえたいのですが。	想 掉换 一 下。 Xiǎng diàohuàn yí xià.
取り消します。	我 要 取消。 Wǒ yào qǔxiāo.
取りに行こう。	去 取 一 下 吧。 Qù qǔ yí xià ba.
どれがいいですか。	你 要 哪个? Nǐ yào nǎge?
泥棒!	抓 小偷! Zhuā xiǎotōu!
止まって!	停下! Tíngxià! 停 一 下! Tíng yí xià! 停 车! Tíng chē!
友達です。	咱们 是 朋友。 Zánmen shì péngyou.
鈍感!	反应 迟钝。 Fǎnyìng chídùn.

— 68 —

な

無い。	没有。 Méiyǒu.
内緒。	秘密。 Mìmì.
長い間ごぶさたしました。	好久没见面啦! Hǎo jiǔ méi jiànmiàn la!
泣かないで。	别哭了。 Bié kū le.
中に入ってもいいですか。	可以进去吗? Kěyǐ jìnqu ma?
無くした。	弄丢了。 Nòngdiū le.
懐かしい。	令人怀念。 Lìng rén huáiniàn.
情けない。	没出息的。 Méi chūxi de. 真窝囊! Zhēn wōnang!
情け知らず。	无情无义。 Wúqíng- wúyì.
何故ですか。	为什么? Wèishénme?

— 69 —

名前は？	你 叫 什么 名字? Nǐ jiào shénme míngzi?
何？	什么? Shénme?
何かご用ですか。	有 什么 事 吗? Yǒu shénme shì ma?
何かご用ですか。 〈他人の外出時に〉	干嘛 去? Gànmá qù?
何が欲しいの？	你 要 什么? Nǐ yào shénme?
何しているの？	你 在 干 什么? Nǐ zài gàn shénme?
何もない。	什么 也 没有。 Shénme yě méiyǒu.
何も入りません。	什么 也 不 要。 Shénme yě bú yào.
何を言っても無駄だよ。	怎么 说 也 是 白说。 Zěnme shuō yě shì báishuō. 怎么 说 也 是 白搭。 Zěnme shuō yě shì báidā.
習いたい！	我 想 学学。 Wǒ xiǎng xuéxue.

並んで下さい。	请 排队。 Qǐng páiduì.
何時からですか。	几 点 开始? Jǐ diǎn kāishǐ?
何時ですか。	几 点? Jǐ diǎn?
何時までですか。	到 几 点? Dào jǐ diǎn?
何時に行きますか。	几 点 去? Jǐ diǎn qù?
何ですって。	你 说 什么! Nǐ shuō shénme! 看 你 说 的! Kàn nǐ shuō de!
何でもありません。	没 事儿! Méi shìr! 不 算 什么! Bù suàn shénme!
何でもそろっている。	应有 尽有。 Yīngyǒu- jìnyǒu.
何と言ったのですか。	究竟 说了 些 什么 呀? Jiūjìng shuōle xiē shénme ya?
何とか終わった。	总 算 结束 了。 Zǒng suàn jiéshù le.

何としても~	无论如何~ Wúlùn rúhé ~
何となく~	总 觉得~ Zǒng juéde ~ 无意中 ~ Wúyìzhōng ~
何度も探しました。	找了 好 几 遍 了。 Zhǎole hǎo jǐ biàn le.
何日間?	几 天? Jǐ tiān?
何年?	几 年? Jǐ nián?

に

似合いますか。	合适 吗? Héshì ma?
苦い！	味道 很 苦。 Wèidao hěn kǔ.
憎たらしい。	可恶。 Kěwù.
似ています。	很 像。 Hěn xiàng.
二度と行かない。	再 也 不 去 了。 Zài yě bú qù le.
日本語の分かる人はいますか。	有没有 会 讲 日语 的? Yǒuméiyǒu huì jiǎng Rìyǔ de?
日本人です。	我 是 日本人。 Wǒ shì Rìběnrén.
日本へ電話したいのです。	我 想 往 日本 打 电话。 Wǒ xiǎng wǎng Rìběn dǎ diànhuà.
入院が必要ですか。	要 住院 吗? Yào zhùyuàn ma?
人気がある。	受 欢迎。 Shòu huānyíng.

ぬ

盗まれた！	被 偷 了！ Bèi tōu le!
ぬるい！	水 太 凉 了！ Shuǐ tài liáng le!
ぬるくも熱くもなく丁度いい。	不 冷 不 热，正 合适。 Bù lěng bú rè, zhèng héshì.

ね

値段は？	价格 是 多少？ Jiàgé shì duōshao? 价钱 呢？ Jiàqian ne?
熱がある。	发烧 了。 Fāshāo le.
値引きして下さい。	再 打 点儿 折扣。 Zài dǎ diǎnr zhékòu.
眠い。	想 睡觉。 Xiǎng shuìjiào.
眠れましたか。	睡得好 吗？ Shuǐdehǎo ma?

の

のどが喝いた。	我渴了。 Wǒ kě le. 口渴了。 Kǒu kě le.
飲みに行きましょう。	去喝一杯吧。 Qù hē yì bēi ba.
乗り遅れてしまいました。	没赶上这趟车。 Méi gǎnshang zhè tàng chē.
乗り換えが必要です。	要换车。 Yào huàn chē. 要倒车。 Yào dǎo chē.
のんびりしよう。	慢慢来吧。 Mànmān lái ba.

は

はい。	好。 Hǎo.
入ってもいいですか。	可以 进来 吗? Kěyǐ jìnlai ma?
バカなこと言ってはいけません。	别 胡说! Bié húshuō!
走って行きましょう。	跑着 去 吧。 Pǎozhe qù ba.
恥知らず。	厚 脸皮! Hòu liǎnpí!
初めてです。	第一次。 Dì-yī cì.
はじめまして。	初次 见面! Chūcì jiànmiàn!
恥ずかしい。	难为情。 Nánwéiqíng.
はずれ!	没有 中。 Méiyǒu zhòng. 落空 了。 Luòkōng le.
はっきりして下さい。	请 搞 清楚。 Qǐng gǎo qīngchu.

バッグをなくしました。	丢了 提包。 Diūle tíbāo.
はて！〈疑い・怪しみ〉	嗯！ Ńg!
派手ですね。	真 华丽 多姿 啊！ Zhēn huálì duōzī a!
話がちがう。	话 有 点 出入 Huà yǒu diǎn chūrù.
張り切って行こう。	打起 精神 干 吧。 Dǎqi jīngshen gàn ba.
針を打って下さい。	给 我 打 针。 Gěi wǒ dǎ zhēn.
晴れるといいですね。	天 放晴 就 好 了。 Tiān fàngqíng jiù hǎo le.
速い！	真 快！ Zhēn kuài!
早い者勝ち。	先到者 为 胜。 Xiāndàozhě wéi shèng.
早くして下さい。	请 快 点儿。 Qǐng kuài diǎnr. 快 点儿 吧。 Kuài diǎnr ba.

早すぎる。	太 早 了。 Tài zǎo le.
番号を教えて下さい。	请 告诉 我 号码。 Qǐng gàosu wǒ hàomǎ.
反省しています。	我 应该 好好儿 反省。 Wǒ yīnggāi hǎohāor fǎnxǐng.
反対！	我 反对！ Wǒ fǎnduì! 不 同意！ Bù tóngyì!

ひ

久しぶり！	好久不见了。 Hǎo jiǔ bú jiàn le.
必死になって~	拼命 ~ Pīnmìng ~
必要ありません。	没必要。 Méi bìyào.
必要です。	有必要。 Yǒu bìyào.
一足お先に。	我先走一步。 Wǒ xiān zǒu yí bù.
一言も分かりません。	一句也听不懂。 Yí jù yě tīngbudǒng.
一人でやります。	一个人做。 Yí ge rén zuò.
秘密。	保密。 Bǎomì.
昼寝をする。	睡午觉。 Shuì wǔjiào.
広いですね。	很大啊！ Hěn dà a!
病院へ行きたいんです。	我想去医院。 Wǒ xiǎng qù yīyuàn.

病気です。	生病了。 Shēng bìng le.
日を改めましょう。	改天再说吧。 Gǎitiān zài shuō ba.
火をつけて下さい。	点火吧。 Diǎn huǒ ba.

ふ

深い！	太 深！ Tài shēn!
不規則です。	没 规律。 Méi guīlǜ.
腹痛です。	肚子 疼。 Dùzi téng.
不合格だった。	没 及格。 Méi jígé.
普段どおりにしましょう。	照 平时 一样 做。 Zhào píngshí yíyàng zuò.
普通です。	很 普通。 Hěn pǔtōng. 很 一般。 Hěn yìbān.
太った！	胖 了！ Pàng le!
踏まないで。	别 踩！ Bié cǎi!
不便だ。	不 方便。 Bù fāngbiàn.
古い！	太 旧！ Tài jiù!

プレゼントです。	这 是 送给 你 的 礼物。 Zhè shì sònggěi nǐ de lǐwù.

へ

平均してみると〜	平均 核算 一下〜 Píngjūn hésuàn yí xià〜
へこんでいる。	压瘪 了。 Yābiě le.
下手！	太 差劲 了！ Tài chàjìn le!
別に忙しくない。	不 怎么 忙。 Bù zěnme máng.
別々にしましょう。	分开 吧！ Fēnkāi ba!
ベルが鳴った。	铃 响 了。 Líng xiǎng le.
勉強がんばって！	好好儿 学习 吧！ Hǎohāor xuéxí ba!
勉強忙しいですか。	学习 忙 吗？ Xuéxí máng ma?
変更しました。	有 变动。 Yǒu biàndòng. 有 变化。 Yǒu biànhuà.
返事がありません。	没有 回音。 Méiyǒu huíyīn.

返事を書こう。	写 回信 吧。 Xiě huíxìn ba.
変だよ。	奇怪 啊! Qíguài a!
返品したいのですが。	我 想 退 货。 Wǒ xiǎng tuì huò.
便利ですね。	很 方便 啊! Hěn fāngbiàn a!

ほ

暴力反対！	^{ファントゥイ トゥん ウ} 反对 动 武！ Fǎnduì dòng wǔ!
他にありませんか。	^{ハイ ヨウ ちィたテ ダ マァ} 还 有 其他 的 吗？ Hái yǒu qítā de ma?
他の人に言ってはいけない。	^{ブウ シュイ カオスゥ ビィエれン} 不 许 告诉 别人。 Bù xǔ gàosu biéren.
他の人に聞いて下さい。	^{ちィん ウェン ちィたテ れン} 请 问 其他 人。 Qǐng wèn qítā rén. ^{ちィん ウェン ビィエれン} 请 问 别人。 Qǐng wèn biéren.
ほこりっぽい。	^{ちィえ シ ホイちェン} 净 是 灰尘。 Jìng shì huīchén.
誇りに思います。	^{カンタオ ヘン ろオんシィえん} 感到 很 荣幸。 Gǎndào hěn róngxìng.
欲しい！	^{ヤオ} 要！ Yào!
ほっておいて！	^{ソワンラ} 算了！ Suànle! ^{ニィ ポえ コワン} 你 甭 管！ Nǐ béng guǎn!
ほめすぎですよ。	^{クゥヲチィアん} 过奖。 Guòjiǎng.

— 86 —

ほら、見て。	你 看。 Nǐ kàn.
本格的ですね。	动 真格 了。 Dòng zhēngé le.
本当?	真的? Zhēnde? 真的 吗? Zhēnde ma?
本物ですか。	是 真货 吗? Shì zhēnhuò ma?
本当のことを言うと~	说 实话~ Shuō shíhuà~
ほんの気持ちです。	这 是 我 的 小意思。 Zhè shì wǒ de xiǎoyìsi.

ま

まあ！〈驚き、苦痛〉	哎哟！ Āiyō!
まあそんなところです。	差不多。 Chàbuduō.
まあまあです。	还可以。 Hái kěyǐ.
毎日ですか。	是 每天 吗？ Shì měitiān ma?
任せて下さい。	包在 我 身上。 Bāozài wǒ shēnshang.
曲がって下さい。	拐 弯儿。 Guǎi wānr.
負けた。	输 了。 Shū le.
誠に恐縮です。	真 过意不去。 Zhēn guòyìbuqù. 真 不 好 意思。 Zhēn bù hǎo yìsi.
まさか、そんなこと。	不 会 吧。 Bú huì ba. 不 可能 吧。 Bù kěnéng ba.

— 88 —

真面目ですね。	_{チェン れンチェン ア} 真 认真 啊! Zhēn rènzhēn a!
まず~しよう。	_{ショウシィエン} 首先 ~ Shǒuxiān ~
まずい。	_{ブゥ ハオチ} 不 好吃。 Bù hǎochī. _{ブゥ たイ ハオ} 不 太 好。 Bú tài hǎo.
ますます~	_{ユエ ライ ユエ} 越 来 越~ Yuè lái yuè ~
また会いましょう。	_{イホウ ツァイチィエン} 以后 再见。 Yǐhòu zàijiàn.
また会える日まで。	_{トンタオ イホウ ツァイ シィアえホイ} 等到 以后 再 相会。 Děngdào yǐhòu zài xiānghuì.
またお会いしましたね。	_{ウヲメン ヨウ チィエンミィエン ラ} 我们 又 见面 了。 Wǒmen yòu jiànmiàn le.
まだ覚えていますか。	_{ハイ チィダ マァ} 还 记得 吗? Hái jìde ma?
まだ来ません。	_{ハイ メイ ライ} 还 没 来。 Hái méi lái.
また気を使って!	_{ヨウ らん ニン フェイシィン ラ} 又 让 您 费心 了。 Yòu ràng nín fèixīn le. _{ヨウ らん ニン フェイシェン ラ} 又 让 您 费神 了。 Yòu ràng nín fèishén le.

またですか！	又是这样！ Yòu shì zhèyàng!
まだ慣れません。	还没有习惯。 Hái méiyǒu xíguàn.
まだ早いですよ。	还早呢！ Hái zǎo ne!
まだまだですよ。	还差得远呢！ Hái chà de yuǎn ne!
待ち合わせしましょう。	咱们碰头吧。 Zánmen pèngtóu ba.
まちがいありません。	没错儿。 Méi cuòr.
まちがえないようにして下さい。	请不要搞错。 Qǐng búyào gǎocuò.
待ち遠しいですね。	真等死人了！ Zhēn děngsǐ rén le!
待っていてくれてありがとう。	让你久等了。 Ràng nǐ jiǔ děng le.
待って下さい。	等等 Děngdeng. 等一等。 Děngyideng. 请等一下。 Qǐng děng yí xià.

～までいくらですか。	到 ～ 多少 钱？ Dào ～ duōshao qián?
窓を開けて下さい。	打开 窗户 吧。 Dǎkāi chuānghu ba.
窓を閉めてもいいですか？	可以 关 窗户 吗？ Kěyǐ guān chuānghu ma?
真似しないで下さい。	别 模仿。 Bié mófǎng.
迷わないように。	别 迷 路。 Bié mí lù.
まわり道をしよう。	绕 道 走 吧。 Rào dào zǒu ba.
満足です。	我 很 满意。 Wǒ hěn mǎnyì.
真ん中がいい。	最 好 是 中间 的。 Zuì hǎo shì zhōngjiān de.

— 91 —

み

見えますか。	看见 了 吗? Kànjian le ma?
見えません。	看不见。 Kànbujiàn.
見込みはあるのですか。	有 把握 吗? Yǒu bǎwò ma? 有 可能 吗? Yǒu kěnéng ma? 有 希望 吗? Yǒu xīwàng ma?
短い!	太 短 了! Tài duǎn le!
見たことありますか。	以前 见过 吗? Yǐqián jiànguo ma?
見たことがない。	从来 没 见过。 Cónglái méi jiànguo.
見たところ〜	看起来 〜 Kànqǐlai 〜
道に迷ってしまった。	我 迷 路 了。 Wǒ mí lù le.
道を間違えた。	路 走错 了。 Lù zǒucuò le.

みっともない！	多 难看！ Duō nánkàn! 煞 风景！ Shā fēngjǐng!
皆様によろしく。	向 大家 问好。 Xiàng dàjiā wènhǎo.
皆さんありがとう。	谢谢 大家！ Xièxie dàjiā!
皆さんお変わりありませんか。	您 家里 人 都 好 吗？ Nín jiāli rén dōu hǎo ma?
皆さんお元気で。	大家 都 健康 吧！ Dàjiā dōu jiànkāng ba!
皆さんからよろしくとのことです。	大家 问 您 好！ Dàjiā wèn nín hǎo! 大家 向 您 问好！ Dàjiā xiàng nín wènhǎo!
皆さん今日は。	大家 好！ Dàjiā hǎo! 你们 好！ Nǐmen hǎo!
見に行きましょう。	去 看看 吧。 Qù kànkan ba.
みんな揃いましたか。	来齐 了 吗？ Láiqí le ma?

	トォウ ライ ラ マァ 都 来 了 吗? Dōu lái le ma?
みんなで行こう。	タァチィア イち<u>イ</u> チュイ バァ 大家 一起 去 吧。 Dàjiā yìqǐ qù ba.
みんな待っていますよ。	タァチィア トォウ ツァイ トん ニ<u>イ</u> ナ 大家 都 在 等 你 呢。 Dàjiā dōu zài děng nǐ ne.

む

迎えに行きます。	我 去 接 你。 Wǒ qù jiē nǐ.
迎えに来て下さい。	请 来 接 我。 Qǐng lái jiē wǒ.
ムシャクシャする。	心里 不 舒服。 Xīnli bù shūfu.
難しい！	太 难 了！ Tài nán le!
無茶しないで！	不要 乱 来。 Búyào luàn lái. 不要 胡 来。 Búyào hú lái.
胸を打たれた。	感动 极了！ Gǎndòng jíle!

め

名刺をいただけますか。	能 给 我 一 张 名片 吗? Néng gěi wǒ yì zhāng míngpiàn ma?
命中した。	打中 了。 Dǎzhòng le.
迷惑かけてすみません。	太 麻烦 您 啦。 Tài máfan nín la.
召し上がれ。	请 吃 吧。 Qǐng chī ba. 请 用 吧。 Qǐng yòng ba.
珍しいものですね。	真 少见。 Zhēn shǎojiàn.
メニューを持ってきて!	拿 菜单 来! Ná càidān lái!
目眩がする。	我 头 晕。 Wǒ tóu yūn.
面倒くさいな。	太 麻烦。 Tài máfan.
面倒をおかけしました。	给 您 添 麻烦 了。 Gěi nín tiān máfan le.

も

もう行かなければなりません。	我 得 走 了。 Wǒ děi zǒu le.
もう1度言って下さい。	请 再 说 一 遍。 Qǐng zài shuō yí biàn.
もう1杯どうぞ。	请 再 来 一 杯。 Qǐng zài lái yī bēi.
もうイヤ。	烦死 了! Fánsǐ le! 烦 人 劲儿! Fán rén jìnr!
もう我慢できない。	已经 无法 忍受 了。 Yǐjing wúfǎ rěnshòu le.
もう十分です。	够 了, 够 了。 Gòu le, Gòu le.
申し訳ありません。	很 抱歉。 Hěn bàoqiàn.
申し訳ありませんが、	实在 抱歉, Shízài bàoqiàn,
もうすぐですね。	马上 就 好 了。 Mǎshang jiù hǎo le. 马上 就 到 了。 Mǎshang jiù dào le.

— 97 —

もう少しゆっくり話して下さい。	请 你 慢 点儿 说。 Qǐng nǐ màn diǎnr shuō. 请 说 得 慢 一点儿。 Qǐng shuō de màn yìdiǎnr.
もう慣れましたか。	习惯 了 吗? Xíguàn le ma?
目的は何ですか。	目的 是 什么? Mùdì shì shénme? 为 什么? Wèi shénme?
もしかして〜	说不定〜 Shuōbudìng〜
もしもし。	喂! 喂! Wèi! Wèi!
持ち帰りたいのですが。	想 带回去。 xiǎng dàihuíqu.
勿論です。	可不是 嘛。 Kěbushì ma.
もったいない。	太 可惜 了! Tài kěxī le!
持って行って下さい。	拿去 吧。 Náqu ba.
もっとお食べなさい。	多 吃 点儿 吧。 Duō chī diǎnr ba.

もっと早く言って！	ニィ イえカイ ツァヲ ティアる シュヲ ヤァ 你 应该 早 点儿 说 呀! Nǐ yīnggāi zǎo diǎnr shuō ya!
もっと安くして下さい。	ツァイ ピィエシイ ティアる バァ 再 便宜 点儿 吧。 Zài piányi diǎnr ba.
物知りですね。	ニィ ヂシミィエン ヘン コワん 你 知识面 很 广。 Nǐ zhīshimiàn hěn guǎng.
もらってもいいですか。	チョコ ニィ ケイ ウヲ マァ 这个 可以 给 我 吗? Zhège kěyǐ gěi wǒ ma?
問題ありません。	メイ ウェンティ 没 问题。 Méi wèntí.

や

やきもち妬かないで。	不要 吃醋。 Búyào chīcù.
約束しましょう。	约定 了。 Yuēdìng le. 一言 为定 吧。 Yìyán- wéidìng ba.
役に立たない。	没 有用。 Méi yǒuyòng.
優しいですね。	真 善良 啊! Zhēn shànliáng a!
安くして下さい。	便宜 点儿 吧。 Piányi diǎnr ba.
安くておいしい。	又 便宜 又 好吃。 Yòu piányi yòu hǎochī.
休みましょう。	休息 一 下 吧! Xiūxi yí xià ba!
やったー!	成功 了! Chénggōng le!
やっと分かった。	终于 明白 了。 Zhōngyú míngbai le.
やっぱり。	果然。 Guǒrán.

やめた。	取消 了。 Qǔxiāo le. 停止 了。 Tíngzhǐ le. 暂停 了。 Zàntíng le.
やめて下さい。	请 停下！ Qǐng tíngxià! 住手！ Zhùshǒu! 请 不要 这样 做！ Qǐng búyào zhèyàng zuò!
やめよう。	取消 吧！ Qǔxiāo ba! 停止 吧！ Tíngzhǐ ba! 暂停 吧！ Zàntíng ba!
ややこしい。	复杂。 Fùzá. 麻烦。 Máfan.
やる気が出ない。	不 想 干。 Bù xiǎng gàn. 不 愿 干。 Bú yuàn gàn.

ゆ

勇気を出して。	拿出 勇气 来。 Náchū yǒngqì lai.
優秀ですね。	太 出色 了! Tài chūsè le!
優勝ですね。	得 冠军 了。 Dé guànjūn le.
友人を紹介します。	给 你 介绍 一 下 我 的 朋友。 Gěi nǐ jièshào yí xià wǒ de péngyou.
有料です。	收费。 Shōufèi.
ユーモアがありますね。	真 幽默! Zhēn yōumò! 幽默 极了! Yōumò jíle!
愉快だ。	真 愉快! Zhēn yúkuài!
雪になりました。	下 雪 了。 Xià xuě le.

油断しないで。	不要 大意! Búyào dàyì! 不要 粗心! Búyào cūxīn!
ゆっくり行こう。	慢慢 走 吧。 Mànmàn zǒu ba.
ゆっくりして下さい。	忙 什么! Máng shénme!
ゆっくり話して下さい。	慢慢 说 吧。 Mànmàn shuō ba.
夢を見た。	做 梦 了。 Zuò mèng le.
許して下さい。	请 您 原谅。 Qǐng nín yuánliàng.
許しません。	不 允许。 Bù yǔnxǔ.

よ

よいご旅行を。	祝 你 旅途 愉快! Zhù nǐ lǚtú yúkuài!
用意して下さい。	请 准备好。 Qǐng zhǔnbèihǎo.
ようこそ。	热烈 欢迎。 Rèliè huānyíng.
用事を頼みたいのですが。	想 拜托 你 一 件 事。 Xiǎng bàituō nǐ yí jiàn shì.
ようやく分かった。	终于 明白 了。 Zhōngyú míngbai le.
良かったですね。	太 好 了! Tài hǎo le!
欲張らないで。	别 贪心! Bié tānxīn!
良く分からないな。	不 很 清楚。 Bù hěn qīngchu. 不 太 清楚。 Bú tài qīngchu.
予算は？	预算 呢? Yùsuàn ne?
予想してごらん。	预测 一 下。 Yùcè yí xià.

予約しましょう。	预订 吧。 Yùdìng ba.
予約しましょう。〈切符〉	订 票 吧。 Dìng piào ba.
予約を確認したいのですが。〈航空券〉	我 想 确认 一 下 机票。 Wǒ xiǎng quèrèn yí xià jīpiào.
夜が明けました。	天 亮 了。 Tiān liàng le.
喜んで伺います。	我 很 愿意 去 你 家 作 客。 Wǒ hěn yuànyì qù nǐ jiā zuò kè.
よろしいですか。	可以 吗？ Kěyǐ ma?
よろしくお伝え下さい。	请 转告 我 的 问候。 Qǐng zhuǎngào wǒ de wènhòu.
よろしくお願いします。	请 多 关照。 Qǐng duō guānzhào.
弱い！	太 弱 了！ Tài ruò le!
呼んできて下さい。	请 叫 ～ 来。 Qǐng jiào ～ lái.
読んで下さい。	请 念 一 下。 Qǐng niàn yí xià.

ら

来週の日曜日に〜	下 星期天〜 Xià xīngqītiān〜 シィア シィェンチーティエン

| 楽になった。 | 轻松 了。
Qīngsōng le. ちィェンソォェン ラ |

り

留学です。	我是来留学的。 Wǒ shì lái liúxué de.
流行している。	很流行。 Hěn liúxíng.
了解しました。	知道了。 Zhīdao le.
両替したいのですが。	我想换钱。 Wǒ xiǎng huàn qián.
料金は？	费用呢？ Fèiyòng ne?
領収書を下さい。	请给我开张发票。 Qǐng gěi wǒ kāi zhāng fāpiào.
了承して下さい。	请谅解。 Qǐng liàngjiě.
両親からの伝言です。	父母的留言。 Fùmǔ de liúyán.
両方下さい。	两个都要。 Liǎng ge dōu yào.
料理は何にしますか。	吃什么菜啊？ Chī shénme cài a? 点什么菜？ Diǎn shénme cài?

— 107 —

| 旅行です。 | ウヲ シ ライ リュイヨウ ダ
我 是 来 旅游 的。
Wǒ shì lái lǚyóu de. |

れ

礼儀知らず。	不 懂 礼貌。 Bù dǒng lǐmào.
歴史が感じられます。	真 古老！ Zhēn gǔlǎo!
連絡先を教えて下さい。	请 告诉 我 联系 地址。 Qǐng gàosu wǒ liánxì dìzhǐ.
連絡して下さい。	请 联系。 Qǐng liánxì.
連絡します。	我 来 联系。 Wǒ lái liánxì.

わ

若いですね。	真 年轻 啊! Zhēn niánqīng a!
分かりました。	知道 了。 Zhīdao le. 明白 了。 Míngbai le.
分かりました。〈聞いて〉	听懂 了。 Tīngdǒng le.
分かりません。	不 知道。 Bù zhīdao. 不 明白。 Bù míngbai.
分かりません。〈聞いて〉	听不懂。 Tīngbudǒng.
わき見しないで。	别 东张西望。 Bié dōngzhāng-xīwàng. 别 看 旁边。 Bié kàn pángbiān.
わくわくする。	真 令 人 兴奋! Zhēn lìng rén xīngfèn!
忘れないで下さい。	别 忘 了。 Bié wàng le.

忘れました。	忘 了。 Wàng le.
忘れ物をしました。	东西 忘记 了。 Dōngxi wàngjì le. 忘记 东西 了。 Wàngjì dōngxi le.
私がやります。	我 来 吧。 Wǒ lái ba.
私たちの友情に乾杯！	为 我们的 友谊 干杯！ Wèi wǒmende yǒuyì gānbēi!
(彼女に)渡して下さい。	请 交给 她。 Qǐng jiāogěi tā.
私に教えて下さい。	请 告诉 我。 Qǐng gàosu wǒ.
私にも見せて。	给 我 看 吧。 Gěi wǒ kàn ba. 请 给 我 看看。 Qǐng gěi wǒ kànkan.
私の考えでは〜	据 我 看来〜 Jù Wǒ kànlai〜
私の名前は〜です。	我 叫〜 Wǒ jiào〜
私の苗字は〜です。	我 姓〜 Wǒ xìng〜

私は日本人です。	我 是 日本人。 Wǒ shì Rìběnrén.
笑いが止らない。	笑 个 不 停。 Xiào ge bù tíng.
笑わないでよ。	别 笑 啊! Bié xiào a!
割り勘にしましょう。	分摊 吧! Fēntān ba! 分开 付 吧! Fēnkāi fù ba!
割りに合わない。	划不来。 Huábulái.
悪いことしたな。	坏事 了。 Huàishì le.

文型による表現パターン

■～はどこですか。
～在哪儿？

つォスウヲ ツァイ ナァる
厕所 在 哪儿？
Cèsuǒ zài nǎr?
トイレはどこですか。

⇧

案内所：问讯处 wènxùnchù ウェンシュンチュウ
郵便局：邮局 yóujú ヨウチュイ
北京ホテル：北京饭店 Běijīng Fàndiàn ペイチィん
　　　　　　　　　　　　　　　　ファンティェン

■この辺に～はありますか。
这一带有没有～？

チョ イタイ ヨウメイヨウ イシハん
这 一带 有没有 银行？
Zhè yídài yǒuméiyǒu yínháng?
この辺に銀行はありますか。

⇧

本屋：书店 shūdiàn シュウティエン
ショッピングセンター：购物中心 gòuwù zhōngxīn
　　　　　　　　　　　コォウウ チョんシィン
スーパーマーケット：超市 chāoshì チャオシ

— 115 —

■～が飲みたい。
我想喝～。

<ruby>ウォ</ruby> <ruby>シィアン</ruby> <ruby>ホ</ruby> <ruby>カァフェイ</ruby>
我 想 喝 咖啡。
Wǒ xiǎng hē kāfēi.
コーヒーが飲みたい。

⇧

ミネラルウォーター：矿泉水 kuàngquánshuǐ
　　　　　　　こワんちュアンシュイ
ビール：啤酒 píjiǔ ぴィチィウ

■～が食べたい。
我想吃～。

<ruby>ウォ</ruby> <ruby>シィアン</ruby> <ruby>ち</ruby> <ruby>チィアオツ</ruby>
我 想 吃 饺子。
Wǒ xiǎng chī jiǎozi.
ギョーザが食べたい。

⇧

めん類：面条 miàntiáo ミィエンティアオ
北京ダック：北京烤鸭 Běijīng kǎoyā
　　　　　　ペイチィん カオヤァ

― 116 ―

■～に泊まっています。
我住在～。

```
ウヲ チュツァイ      ペイチィえ ファンティエン
我   住在           北京饭店。
Wǒ   zhùzài         Běijīng Fàndiàn.
```
北京ホテルに泊まっています。

⇧

友誼賓館：友谊宾馆 Yǒuyì Bīnguǎn
　　　　　ヨウイ ピンコワン
北京師範大学の宿舎：北师大的宿舎 Běishīdà de
　　　　　　　　　　sùshè ペイシタア ダ スウショ

■～に住んでいます。
我住在～。

```
ウヲ チュツァイ      ペイチィえ ハイティエン チュイ
我   住在           北京海淀区。
Wǒ   zhùzài         Běijīng Hǎidiàn Qū.
```
北京海淀区に住んでいます。

⇧

上海徐匯区：上海徐汇区 Shànghǎi Xúhuì Qū
　　　　　シャンハイ シュイホイ チュイ
東京新宿区：东京新宿区 Dōngjīng Xīnsù Qū
　　　　　トォンチィン シィンスウ チュイ

■～に行きたい。
我想去～。

> ウォ シィアン チュイ ティスコ
> **我 想 去** 迪斯科。
> Wǒ xiǎng qù dísīkē.
> ディスコに行きたい。
>
> ⇧
>
> ---
> 博物館：博物馆 bówùguǎn ポオウコワン
> 京劇を見る：看京剧 kàn jīngjù カン チィンチュイ

■～へはどう行きますか。
到～怎么走？

> タオ ティエンアンメン ツェンモ ツォウ
> **到 天安门 怎么 走？**
> Dào Tiān'ānmén zěnme zǒu?
> 天安門へはどう行きますか。
>
> ⇧
>
> ---
> 西安：西安 Xī'ān シィアン
> デパート：百货商店 bǎihuò shāngdiàn
> 　　　　　パイホゥオ シャンティエン

■〜に到着したら教えて下さい。
到了〜，告诉我一下。

タオラ シィタシ カオスゥ ウォ イ シィア
到了 西单， 告诉 我 一 下。
Dàole Xīdān, gàosu wǒ yí xià.
西単に到着したら教えて下さい。

⇧

東単：东单 Dōngdān トォﾝタﾝ
西直門：西直门 Xīzhímén シィチメﾝ

■いっしょに〜しませんか。
咱们一起〜好吗？

ツァﾝメﾝ イちィ チャオシィアﾝ ハオ マァ
咱们 一起 照相 好 吗？
Zánmen yìqǐ zhàoxiàng hǎo ma?
いっしょに写真を撮りませんか。

⇧

お茶を飲む：喝点儿茶 hē diǎnr chá ホ ティアる ちゃ
食事をする：吃饭 chī fàn ち ファﾝ

■いっしょに～行きませんか。
咱们一起去～好吗？

ツァンメン	イチィ	チュイ	かァラテOK	ハオ	マァ
咱们	**一起**	**去**	**卡拉OK**	**好**	**吗?**
Zánmen	yìqǐ	qù	kǎlā ok	hǎo	ma?

いっしょにカラオケに行きませんか。

⇧

映画を見る：看电影 kàn diànyǐng カン ティエンイィん
旅行する：旅行 lǚxíng リュイシィえん

■～はありますか。
有没有～？

ヨウメイヨウ　ウェンファんスパオ
有没有　　文房四宝?
Yǒuméiyǒu　　wénfángsìbǎo?

書道セットはありますか。

⇧

フェイ・ウォンのCD：王菲的CD Wáng Fēi de CD
　　　　　　　　　　ワん フェイ ダ CD
スワトウのハンカチ：汕头的手绢儿
　　　　　　　　　　Shàntóu de shǒujuànr
　　　　　　　　　　シャンとォウ ダ ショウチュァる

■〜はどこで売っていますか。
〜在哪儿卖?

シィアπイエシ　ツァイ　ナァる　マイ
香烟　　在　哪儿　卖?
Xiāngyān　zài　nǎr　mài?
タバコはどこで売っていますか。

⇧

八宝茶：八宝茶 bābǎochá パテパオちゃ
タイガーバーム：虎骨膏 hǔgǔgāo ホウクゥカオ

■〜を探しています。
我在找〜。

ウヲ　ツァイ　チャオ　イユァシ
我　在　找　医院。
Wǒ　zài　zhǎo　yīyuàn.
病院を探しています。

⇧

迎えの人：迎接的人 yíngjiē de rén イんチィエ ダ れシ
生活用品：生活用品 shēnghuó yòngpǐn
　　　　　　ショπホゥラ ヨんピン

— 121 —

■～をください。
我要～。

ウヲ ヤオ チョコ
我 要 这个。
Wǒ yào zhège.
これをください。

⇧

> ラーメン：汤面 tāngmiàn たㇴミィエㇴ
> 焼きそば：炒面 chǎomiàn ちゃ<u>オ</u>ミィエㇴ

■～を持っています。
我有(带)～。

ウラ ヨウ (タイ) ホウチィ
我 有 (带) 呼机。
Wǒ yǒu (dài) hūjī.
ポケベルを持っています。

⇧

> 携帯電話：手机 shǒujī ショウチィ
> パスポート：护照 hùzhào ホゥチャオ

― 122 ―

■～を持っていません。
 我没有(没带)～。

ウヲ　メイヨウ　(メイ　タイ)　ティエンホワ つかァ
我　没有　(没　帯)　电话磁卡。
Wǒ　méiyǒu　(méi　dài)　diànhuà cíkǎ.
テレホンカードを持っていません。

⇧

カメラ：照相机 zhàoxiàngjī チャオシィアんチイ

■～を知っていますか。
 你知道～吗？

ニィ　チタオ　チョオんクゥラコ　マァ
你　知道　中国歌　吗？
Nǐ　zhīdao　Zhōngguógē　ma?
中国の歌を知っていますか。

⇧

宇多田ヒカル：宇多田光 Yǔduōtián Guāng
ユイトゥヲティエン コワん

― 123 ―

■〜が好きですか。
你喜欢〜吗?

```
          ニィ    シィホワン          チョオㇴクゥラチィウ    マァ
          你     喜欢                中国酒               吗?
          Nǐ     xǐhuan              Zhōngguójiǔ          ma?
中国の酒は好きですか。
```

⇧

```
日本料理：日本菜 Rìběncài　りペンㇳツァイ
スポーツ：体育运动 tǐyù yùndòng
          ティユイ　ユィシトオㇴ
```

■〜は人気がありますか。
〜受欢迎吗?

```
コオㇴ リィ     ショウ    ホワシィえん    マァ
巩俐           受        欢迎           吗?
Gǒng Lì        shòu      huānyíng       ma?
コン・リーは人気がありますか。
```

⇧

```
ジャッキー・チェン：成龙 Chénglóng　ちょㇴロオㇴ
マクドナルド：麦当劳 Màidānglǎo　マイタㇴラㇳ
```

— 124 —

■～を教えて下さい。
请告我～。

请 告 我 你的住址。
ちぃん カオスゥ ウォ ニィ ダ チュチ
Qǐng gàosu wǒ nǐ de zhùzhǐ.

あなたの住所を教えて下さい。

⇧

あなたの名前：你的名字 nǐ de míngzi ニィ ダ ミぇンツ
彼女の電話番号：她的电话号码 tā de diànhuà hàomǎ
　　　　　　　たア ダ ティエンホウ ハオマア

■～に興味があります。
我对～感兴趣。

我 对 电脑 感 兴趣。
ウォ トイ ティエンナオ カン シィえンちュイ
Wǒ duì diànnǎo gǎn xìngqù.

私はコンピューターに興味があります。

⇧

切手の収集：集邮 jíyóu チィヨウ
太極拳：太极拳 tàijíquán たイチィちュアン

■あまり〜ではない。
　不太〜。

プゥ たイ ハオ
不　太　好。
Bù tài hǎo.
あまりよくありません。

⇧

美味しい：好吃 hǎochī ハオちー
きれい：漂亮 piàoliang ぴィアオリィアん

■〜を送ります。
　我把〜寄给你。

ウォ パァ シィシ チィケイ ニィ
我　把　信　寄给　你。
Wǒ bǎ xìn jìgěi nǐ.
あなたに手紙を送ります。

⇧

写真：照片 zhàopiàn チャオぴィエシ
日本語の辞書：日语词典 Rìyǔ cídiǎn りュイ ちーティエン

あいうえお順で引く
ワードメニュー
（日本語から中国語へ）

あ

アイスキャンデー	冰棍儿	bīnggùnr	ピンクェる
アイスクリーム	冰激凌	bīngjilíng	ピンチィりン
愛する	爱	ài	アイ
会う	见面	jiànmiàn	チィエンミィエン
青い	蓝	lán	ラン
赤い	红	hóng	ホオン
赤ちゃん	婴儿	yīng'ér	インアる
あかりを消す	关灯	guān dēng	コワントン
あかりをつける	开灯	kāi dēng	カイトン
明るい	亮	liàng	リィアン
秋	秋天	qiūtiān	チィウティエン
空き〈トイレ〉	无人	wúrén	ウれン
握手する	握手	wòshǒu	ウヲショウ
アクセサリー	首饰	shǒushi	ショウシ
開ける	开	kāi	カイ
あげる（与える）	给	gěi	ケイ
〈油で〉揚げる	炸	zhá	チャ
顎	下巴	xiàba	シィアパア
朝	早上	zǎoshang	ツァオシャん
浅い	浅	qiǎn	チィエン
あさって	后天	hòutiān	ホォウティエン
足〈くるぶしからさき〉脚		jiǎo	チィアオ
足〈すね・ひざ・もも〉	腿	tuǐ	とエイ
味	味道	wèidao	ウェイタオ

日本語	中文	ピンイン	カナ
明日	明天	míngtiān	ミンティエン
足の指	脚指	jiǎozhǐ	チィアヂチ
預ける	寄存	jìcún	チィつゥン
汗	汗	hàn	ハン
汗が出る	出汗	chū hàn	チュウ ハン
あせる(あわてる)	焦急	jiāojí	チィアヂチィ
あそこ	那儿	nàr	ナアる
遊びに行く	去玩儿	qù wánr	チュイ ワァる
遊ぶ	玩儿	wánr	ワァる
暖かい	暖和	nuǎnhuo	ノワンホゥオ
頭	头	tóu	とォウ
頭〈知能〉	脑子	nǎozi	ナオツ
頭が痛い	头疼	tóu téng	とォウ とン
新しい	新	xīn	シィン
熱い(暑い)	热	rè	ろぉ
厚い	厚	hòu	ホォウ
あっさりしている	清淡	qīngdàn	ちぃンタン
あっち	那边儿	nàbiānr	ナアピィアる
アナウンサー	播音员	bōyīnyuán	ポォイシュアン
あなた	你	nǐ	ニィ
あなた〈敬称〉	您	nín	ニン
あなたたち	你们	nǐmen	ニィメン
兄	哥哥	gēge	コォコ
姉	姐姐	jiějie	チィエチィエ
アヒル	鸭子	yāzi	ヤアツ

— 130 —

危ない	危险	wēixiǎn	ウェイシィエン
油	油	yóu	ヨウ
油っこい	油腻	yóunì	ヨウニイ
〈直火で〉あぶる	烤	kǎo	かオ
甘い	甜	tián	ティエン
雨	雨	yǔ	ユイ
アメリカ	美国	Měiguó	メイクゥラ
洗う	洗	xǐ	シイ
ありがとう	谢谢	xièxie	シィエシィエ
歩く	走	zǒu	ツォウ
アルバイトをする	打工	dǎ gōng	タァコオン
あれ	那(个)	nà(ge)・nèi(ge)	ナア(コ)・ネイ(コ)
あれら	那些	nàxiē・nèixiē	ナアシィエ・ネイシィエ
アレルギー	过敏	guòmǐn	クゥヲミン
安心する	放心	fàngxīn	ファんシィン
安静	安静	ānjìng	アンチィん
安全な	安全	ānquán	アンちュアン

い

胃	胃	wèi	ウェイ
いい(ですよ)	好	hǎo	ハオ
言う	说	shuō	シュヲ
家	家	jiā	チィア
以下	以下	yǐxià	イシィア
イギリス	英国	Yīngguó	インクゥラ

行く	去	qù	ちュイ
いくら	多少钱	duōshao qián	トゥヲシャオ ちィエン
池	池塘	chítáng	ちたん
医者	医生	yīshēng	イションん
以上	以上	yǐshàng	イシャん
椅子	椅子	yǐzi	イツ
忙しい	忙	máng	マん
痛い	疼	téng	とん
〈油で〉いためる	炒	chǎo	ちゃオ
〈片栗粉を混ぜて〉いためる	熘	liū	リィウ
イタリア	意大利	Yìdàlì	イタテリィ
1	一	yī	イ
1日中	整天	zhěngtiān	チョんティエン
胃腸薬	肠胃药	chángwèiyào	ちゃんウェイやオ
いつ	什么时候	shénme shíhou	シェンモ シホォウ
一緒	一起	yìqǐ	イちィ
いつも	总是	zǒngshì	ツゥオんシ
糸	线	xiàn	シィエン
稲光がする	打闪	dǎ shǎn	ターシャン
犬	狗	gǒu	コォウ
衣服	衣服	yīfu	イフゥ
今	现在	xiànzài	シィエンツァイ
妹	妹妹	mèimei	メイメイ
嫌だ(気にくわない)	讨厌	tǎoyàn	たオ イエン
イヤホーン	耳机	ěrjī	アるチイ

いらない	不要	bú yào	プゥヤオ
入り口	入口	rùkǒu	るゥこォウ
衣料品	衣物	yīwù	イウ
色	颜色	yánsè	イエンソぉ
色違い	其他颜色	qítā yánsè	ちィたァ イエンソぉ
印鑑	图章	túzhāng	とゥチャン
印刷物	印刷品	yìnshuāpǐn	インショウピン

う

ウイスキー	威士忌	wēishìjì	ウェイシチィ
ウーロン茶	乌龙茶	wūlóngchá	ウロオんちゃ
上	上(面)	shàng(mian)	シャン(ミィエン)
ウェイター	(男)服务员	(nán)fúwùyuán	(ナン)フゥウュアン
ウェイトレス	(女)服务员	(nǚ)fúwùyuán	(ニュイ)フゥウュアン
うがい薬	漱口水	shùkǒushuǐ	シュウコォウシュイ
受取人〈郵便〉	收信人	shōuxìnrén	ショウシィンれン
受け取る	收	shōu	ショウ
ウサギ	兔子	tùzi	とゥツ
ウシ	牛	niú	ニィウ
後ろ	后(边)	hòu(bian)	ホォウ(ピィエン)
薄い〈厚さ〉	薄	báo	パオ
薄い〈色〉	浅	qiǎn	ちィエン
薄い〈あじ〉	淡	dàn	タン
歌	歌	gē	コ
歌う	唱	chàng	ちゃん

打つ	打	dǎ	ター
美しい	美丽	měilì	メイリイ
美しい〈見た目に〉	好看	hǎokàn	ハオかン
美しい〈聞いて〉	好听	hǎotīng	ハオティん
腕	胳膊	gēbo	コポオ
腕時計	手表	shǒubiǎo	ショウピィアオ
馬	马	mǎ	マー
うまい	好吃	hǎochī	ハオち
海	海	hǎi	ハイ
売りきれ	卖完了	màiwán le	マイワンラ
売る	卖	mài	マイ
うるさい	吵人	chǎorén	ちゃオれン
うれしい	高兴	gāoxìng	カオシィん
上着	上衣	shāngyī	シャんイ
運賃	交通费	jiāotōngfèi	チィアオとオんフェイ
運転手	司机	sījī	スチイ
運動靴	球鞋	qiúxié	ちィウシィエ

え

絵	画儿	huàr	ホワる
エアコン	空调	kōngtiáo	こオんティアオ
永遠に	永远/永久	yǒngyuǎn/yǒngjiǔ	ヨんユアン/ヨんチィウ
映画	电影	diànyǐng	ティエンイん
映画館	电影院	diànyǐngyuàn	ティエンイんユアン
映画監督	导演	dǎoyǎn	タオイエン

営業時間	营业时间	yíngyè shíjiān	イえイエ シチィエン
営業部	经营部	jīngyíngbù	チィえイえプウ
英語	英语	Yīngyǔ	イえユイ
栄養	营养	yíngyǎng	イえヤァン
駅	车站	chēzhàn	ちヨチャン
エキストラベッド	加床	jiāchuáng	チィアちョワえ
エスカレーター	电动扶梯	diàndòngfútī	ティエントォんフゥてイ
X線	X光	X guāng	X コワえ
絵ハガキ	美术明信片	měishù míngxìnpiàn	メイシュウ ミんシィンピィエン
えび	虾	xiā	シィア
選ぶ	挑	tiāo	てィアオ
エレベーター	电梯	diàntī	ティエンてイ
遠視	远视	yuǎnshì	ユアンシ
延長料金	延长费	yánchángfèi	イエンちゃんフェイ
鉛筆	铅笔	qiānbǐ	ちィエンピイ

お

おいしい〈食べて〉	好吃	hǎochī	ハオち
おいしい〈飲んで〉	好喝	hǎohē	ハオホ
おいしくない	不好吃	bù hǎochī	プウ ハオち
往診(する)	出诊	chūzhěn	ちュウチェン
横断歩道	人行横道	rénxíng héngdào	れンシィん ホんタオ
往復	往返/来回	wǎngfǎn/láihuí	ワんファン/ライホイ
多い	多	duō	トゥヲ
おかしい	奇怪	qíguài	ちイコワイ

大きい	大	dà	タテ
OK	行	xíng	シィエ
オーストラリア	澳大利亚	Àodàlìyà	アオタテリィヤテ
オートバイ	摩托车	mótuōchē	モオとゥラちヨ
オードブル	拼盘	pīnpán	ピシぱン
オーバー	大衣	dàyī	タテイ
お菓子	点心	diǎnxīn	ティエンシィシ
お金	钱	qián	ちィエン
お金を払う	付款	fùkuǎn	フゥこワン
起きる	起床	qǐchuáng	ちィちョワン
置き忘れる	忘了带走	wàngle dàizǒu	ワえラタイツォウ
億	亿	yì	イ
置く〈入れる〉	放	fàng	ファえ
奥歯	槽牙	cáoyá	ツァオヤテ
贈り物	礼物	lǐwù	リィウ
贈る	赠送	zèngsòng	ツォえソォえ
送る〈荷物・手紙〉	寄	jì	チイ
送る〈見送る〉	送行	sòngxíng	ソォえシィえ
怒る	生气	shēngqì	ショえちイ
おさえる	压	yā	ヤテ
おじ〈父親の兄〉	伯父	bófù	ポオフゥ
おじ〈父親の弟〉	叔叔	shūshu	シュウシュウ
おじ〈母親の兄弟〉	舅舅	jiùjiu	チィウチィウ
教える〈知識〉	教	jiāo	チィアオ
教える〈状況〉	告诉	gàosu	カオスゥ

おしぼり	手巾把儿	shǒujīnbǎr	ショウチィンパァる
押す	按	àn	アン
おす	推	tuī	とエイ
遅い〈速度〉	慢	màn	マン
遅い〈時間〉	晚	wǎn	ワン
おそらく	大概	dàgài	ターカイ
お尋ねします	请问	qǐngwèn	ちぃんウェン
夫	丈夫/爱人	zhàngfu/àiren	チャンフゥ/アイれン
おつまみ	下酒菜	xiàjiǔcài	シィアチィウツァイ
おつり	找的钱	zhǎo de qián	チャオダちぃェン
音	声音	shēngyīn	ショえイン
弟	弟弟	dìdi	ティティ
男	男的	nánde	ナンダ
男の子	男孩儿	nánháir	ナンハぁる
落とす	掉	diào	ティアオ
おととい	前天	qiántiān	ちぃエンティエン
おととし	前年	qiánnián	ちぃエンニィエン
大人	大人	dàrén	ターれン
踊る	跳舞	tiàowǔ	ティアオウ
驚く	吃惊	chījīng	ちチィえ
同じ	一样	yíyàng	イヤァん
お願いします	拜托了	bàituō le	パイとゥラ ラ
おば〈父親の姉妹〉	姑姑	gūgu	クウクゥ
おば〈母親の姉妹〉	姨儿	yír	イる
オペラグラス	小望远镜	xiǎowàngyuǎnjìng	シィアオワンユアンチィん

— 137 —

覚える	记/记住	jì/jìzhù	チィ/チィチュ
溺れる	溺水	nìshuǐ	ニイシュイ
おまわりさん	警察	jǐngchá	チィんちゃ
おみやげ	土特产	tǔtèchǎn	とゥたちャン
おめでとう	恭喜	gōngxǐ	コオんシィ
重い	沉/重	chēn/zhòng	ちぇン/チョオん
思い出す	想起来	xiǎngqǐlai	シィアんちィライ
思う	想	xiǎng	シィアん
おもしろい	有意思	yǒuyìsi	ヨウイス
おもちゃ	玩具	wánjù	ワンチュイ
お湯	热水	rèshuǐ	ろぉシュイ
お湯を沸かす	烧开水	shāo kāishuǐ	シャオ カイシュイ
泳ぐ	游泳	yóuyǒng	ヨウヨん
折れる	断	duàn	トワン
オレンジジュース	桔汁	júzhī	チュイ チ
音楽	音乐	yīnyuè	イシュエ
オンザロック	加冰酒	jiābīngjiǔ	チィアピんチィウ
女	女的	nǚde	ニュイ ダ
女の子	女孩儿	nǚháir	ニュイハる

か

蚊	蚊子	wénzi	ウェシッ
カーテン	窗帘	chuānglián	ちょワんリィエン
カードで支払う	刷卡	shuā kǎ	ショワ かア
ガールフレンド	女朋友	nǚpéngyou	ニュイぽん ヨウ

～階	层	céng	つぉん
貝	贝	bèi	ペイ
外貨交換証明書	兑换证明	duìhuàn zhèngmíng	トイホワシ チョんミん
海岸	海岸	hǎi'àn	ハイアン
会議	会议	huìyì	ホイイ
外国	外国	wàiguó	ワイクゥラ
外国語	外语	wàiyǔ	ワイユイ
改札口	检(剪)票口	jiǎnpiàokǒu	チィエンピィアオこォウ
会社	公司	gōngsī	コオんス
会社員	公司职员	gōngsī zhíyuán	コオんス チュアン
外食する	在外面吃饭	zài wàimiàn chī fàn	ツァイ ワイミィエン ち ファン
階段	楼梯	lóutī	ロォウてィ
外来診察	门诊	ménzhěn	メンチェン
買い物をする	买东西	mǎi dōngxi	マイ トォんシィ
会話	会话	huìhuà	ホイホウ
買う	买	mǎi	マイ
返す	还	huán	ホワン
帰る	回去	huíqu	ホイちュイ
替える	换	huàn	ホワン
カエル	青蛙	qīngwā	ちィんワア
顔	脸	liǎn	リィエン
顔を洗う	洗脸	xǐ liǎn	シィ リィエン
顔を拭く	擦脸	cā liǎn	つアー リィエン
科学	科学	kēxué	こシュエ
鏡	镜子	jìngzi	チィんツ

— 139 —

柿	柿子	shìzi	シッ
鍵	钥匙	yàoshi	ヤオシ
鍵をあける	开锁	kāi suǒ	カイ スゥヲ
鍵をかける	上锁	shàng suǒ	シャん スゥヲ
書留	挂号信	guàhàoxìn	コウハオシィン
華僑	华侨	huáqiáo	ホウちィアオ
書く	写	xiě	シィエ
嗅ぐ	闻	wén	ウェン
家具	家具	jiājù	チィアチュイ
各駅停車	慢车	mànchē	マンちヨ
学生	学生	xuésheng	シュエションん
カクテル	鸡尾酒	jīwěijiǔ	チイウェイチィウ
～学部	～系	～xì	～シィ
掛け軸	挂轴	guàzhóu	コウチョウ
掛け布団	被子	bèizi	ペイッ
掛ける	挂	guà	コウ
傘	伞	sǎn	サン
傘をさす	打伞	dǎ sǎn	ターサン
菓子	点心	diǎnxīn	ティエンシィン
火事	失火	shīhuǒ	シホゥオ
歌手	歌手	gēshǒu	コショウ
かじる	啃	kěn	けン
(～に)貸す	借给	jiègěi	チィエケイ
ガス	煤气	méiqì	メイちィ
風	风	fēng	フぉン

風が吹く	刮风	guā fēng	コワ フォン
風邪(をひく)	感冒	gǎnmào	カンマオ
風邪薬	感冒药	gǎnmàoyào	カンマオヤオ
家族	家里人	jiālirén	チィアリィれン
型	样式	yàngshì	ヤァえシ
肩	肩膀	jiānbǎng	チィエンパン
硬い	硬	yìng	イん
片道	单程	dānchéng	タンちョん
課長	科长	kēzhǎng	こチャん
勝つ	赢	yíng	イん
がつ(月)	月	yuè	ユエ
活気のある	有生气	yǒu shēngqì	ヨウ ショんちィ
かつぐ	抬	tái	たイ
学校	学校	xuéxiào	シュエシィアオ
家庭	家庭	jiātíng	チィアてィん
家庭料理	家常菜	jiāchángcài	チィアちゃんつァイ
角	拐角	guǎijiǎo	コワイチィアオ
悲しい	悲伤	bēishāng	ペイシャん
必ず	一定	yídìng	イティん
カニ	螃蟹	pángxiè	ぱんシィエ
彼女(あの人)	她	tā	たア
彼女たち	她们	tāmen	たアメン
壁	墙	qiáng	ちィアん
紙	纸	zhǐ	チ
髪	头发	tóufa	とォウファ

髪を洗う	洗头	xǐ tóu	シィとォウ
髪をとかす	梳头	shū tóu	シュウとォウ
紙おむつ	纸尿布	zhǐniàobù	チニィアオプウ
髪型	发型	fàxíng	ファシィん
雷	雷	léi	レイ
雷が鳴る	打雷	dǎ léi	タレイ
噛む	咬	yǎo	ヤォ
カメラ	照相机	zhàoxiàngjī	チャオシィアえチイ
鴨	野鸭	yěyā	イエヤア
粥	粥	zhōu	チョウ
かゆい	痒	yǎng	ヤァん
火曜日	星期二	xīngqī'èr	シィえちィアる
～から〈基点〉	离	lí	リイ
～から～まで	从～到～	cóng~dào~	つオえ～タオ～
辛い	辣	là	ラア
カラオケ	卡拉OK	kǎlā OK	カアラア OK
ガラス	玻璃	bōli	ポオリィ
身体	身体	shēntǐ	シェシてィ
借りる	借	jiè	チィエ
借りる〈有料〉	租	zū	ツウ
軽い	轻	qīng	ちィえ
彼(あの男)	他	tā	たア
彼ら	他们	tāmen	たアメン
革	皮革	pígé	ぴイコ
川	河	hé	ホ

かわいい	可爱	kě'ài	コアイ
革靴	皮鞋	píxié	ピイシィエ
為替レート	汇率	huìlǜ	ホイリュイ
替わる	代替	dàitì	タイてイ
眼科	眼科	yǎnkē	イエンこ
観客	观众	guānzhòng	コワンチョォン
缶切り	罐头起子	guàntou qǐzi	コワンとォウちイツ
感激する	激动	jīdòng	チイトォン
観光案内所	旅游介绍处	lǚyóu jièshàochù	リュイヨウチィエシャオちュウ
観光客	游客	yóukè	ヨウこ
観光する	观光	guānguāng	コワンコワン
韓国	韩国	Hánguó	ハンクゥラ
韓国料理	朝鲜风味	Cháoxiān fēngwèi	ちゃオシィエン フォンウェイ
看護婦	护士	hùshi	ホウシ
漢字	汉字	hànzì	ハンツ
患者	病人	bìngrén	ピンれン
勘定をする	结帐	jiézhàng	チィエチャン
肝臓	肝脏	gānzàng	カンツァン
簡単	简单	jiǎndān	チィエンタン
元旦	元旦	yuándàn	ユアンタン
缶詰	罐头	guàntou	コワンとォウ
感動する	感动	gǎndòng	カントォン
乾杯	干杯	gānbēi	カンペイ
看板	招牌	zhāopai	チャオぱイ
缶ビール	罐装啤酒	guànzhuāng píjiǔ	コワンチョワンピイチィウ

| 漢方薬 | 中药 | zhōngyào | チョオンヤオ |

き

木	树	shù	シュウ
黄色い	黄色	huángsè	ホワンソぉ
機械	机器	jīqi	チィちィ
着替える	换衣服	huàn yīfu	ホワンイフゥ
聞く	听	tīng	てぃん
危険	危险	wēixiǎn	ウェイシィエン
気候	气候	qìhòu	ちィホォウ
気功	气功	qìgōng	ちィコオン
帰国する	回国	huíguó	ホイクゥラ
技師	工程师	gōngchéngshī	コオンちょンシ
汽車	火车	huǒchē	ホゥヲちヨ
季節	季节	jìjié	チィチィエ
北	北(边)	běi(biān)	ペイ(ピィエン)
帰宅する	回家	huí jiā	ホイチィア
汚い	脏	zāng	ツァん
機長	机长	jīzhǎng	チィチャん
貴重品	贵重物品	guìzhòng wùpǐn	コイチョオんウピン
きつい	硬	yìng	イん
喫煙席	吸烟坐位	xīyān zuòwèi	シィイエンツゥヲウェイ
喫茶店	咖啡馆	kāfēiguǎn	かテフェイコワン
傷つく〈心〉	伤心	shāngxīn	シャんシィシ
切手	邮票	yóupiào	ヨウピィアオ

切手を貼る	贴邮票	tiē yóupiào	ティエ ヨウ ピィアオ
切符	票	piào	ピィアオ
切符売り場	售票处	shòupiàochù	ショウピィアオちュウ
機内	飞机上	fēijīshang	フェイチィシャン
気に入る	喜欢	xǐhuan	シィホワン
記入する	填写	tiánxiě	ティエンシィエ
絹	丝绸	sīchóu	スちョウ
記念切手	纪念邮票	jìniàn yóupiào	チィニィエン ヨウピィアオ
記念碑	纪念碑	jìniànbēi	チィニィエンペイ
記念日	纪念日	jìniànrì	チィニィエンり
きのう	昨天	zuótiān	ツゥオティエン
気の毒	可怜	kělián	コリィエン
気分が悪い	不舒服	bù shūfu	プゥ シュウフゥ
基本料金	基费	jīfèi	チィフェイ
気持ちがいい	舒服	shūfu	シュウフゥ
客船	客船	kèchuán	コちョワン
キャンセルする	取消	qǔxiāo	ちュイシィアオ
キャンパス	校园	xiàoyuán	シィアオユアン
9	九	jiǔ	チィウ
休暇	假	jià	チィア
救急車	救护车	jiùhùchē	チィウホゥちヨ
休憩する	休息	xiūxi	シィウシィ
急行	快车	kuàichē	コワイちョ
急診	急诊	jízhěn	チィチェン
宮殿	宮殿	gōngdiàn	コオンティエン

— 145 —

牛肉	牛肉	niúròu	ニィウろォウ
牛乳	牛奶	niúnǎi	ニィウナイ
きゅうり	黄瓜	huángguā	ホワえコワ
器用	灵巧	língqiǎo	りえちィアオ
今日	今天	jīntiān	チィンティエン
教会	教堂	jiàotáng	チィアオたえ
競技場	赛场	sàichǎng	サイちゃん
京劇	京剧	jīngjù	ちィんチュイ
ギョーザ	饺子	jiǎozi	チィアオツ
ギョーザを作る	包饺子	bāo jiǎozi	パオ チィアオツ
教師	老师	lǎoshī	ラオシ
教室	教室	jiàoshì	チィアオシ
教授	教授	jiàoshòu	チィアオショウ
漁業	鱼业	yúyè	ユイイェ
去年	去年	qùnián	チュイニィエン
嫌い	不喜欢	bù xǐhuan	プウ シィホワン
きれいである	漂亮	piàoliang	ぴィアオリィアん
金	金子	jīnzi	チィンツ
銀	银子	yínzi	イシツ
禁煙席	无烟坐位	wúyān zuòwèi	ウイエンツゥヲウェイ
銀行	银行	yínháng	イシハえ
近視	近视	jìnshi	チィンシ
禁止する	禁止	jìnzhǐ	チィンチ
金曜日	星期五	xīngqīwǔ	シィえちィウ

— 146 —

く

具合が悪い	不舒服	bù shūfu	プゥシュウフゥ
空気	空气	kōngqì	コォンチィ
空港	机场	jīchǎng	チィちゃん
空港使用料	机场费	jīchǎngfèi	チィちゃんフェイ
空腹である	饿	è	オ
草	草	cǎo	ツァオ
くさい	臭	chòu	ちョウ
くし	梳子	shūzi	シュウツ
薬	药	yào	ヤオ
薬を飲む	吃药	chī yào	ちヤオ
果物	水果	shuǐguǒ	シュイクゥヲ
口	嘴	zuǐ	ツォイ
唇	嘴唇	zuǐchún	ツォイちュン
口紅	口红	kǒuhóng	コォウホォん
靴	鞋子	xiézi	シィエツ
靴を履く	穿鞋	chuān xié	ちョワンシィエ
苦痛である	痛苦	tòngkǔ	とオンくゥ
靴下	袜子	wàzi	ワァツ
首	脖子	bózi	ポオツ
雲	云(彩)	yún(cai)	ユィン(ツァイ)
曇り	阴天	yīntiān	インティエン
悔やむ	后悔	hòuhuǐ	ホォウホイ
暗い	暗	àn	アン
クラス	班	bān	パン

グラス	玻璃杯	bōlibēi	ポオリィペイ
クラスメート	同学	tóngxué	とォンシュエ
クラブ活動	课外活动	kèwài huódòng	ミワイ ホゥヲトォん
栗	栗子	lìzi	リィツ
グリーン車	软席	ruǎnxí	ろワンシィ
来る	来	lái	ライ
苦しい	痛苦	tòngkǔ	とォンくゥ
車椅子	轮椅	lúnyǐ	ルゥシイ
クレジットカード	信用卡	xìnyòngkǎ	シィンヨんかア
黒い	黑	hēi	ヘイ
加える	加	jiā	チィア

け

警官	警察	jǐngchá	チィんちゃ
蛍光灯	日光灯	rìguāngdēng	リィコワんトん
経済学	经济学	jīngjìxué	チィンチイシュエ
警察署	公安局	gōng'ānjú	コオンアンチュイ
警察を呼ぶ	叫警察	jiào jǐngchá	チィアオ チィんちゃ
計算する	计算	jìsuàn	チイソワン
芸術	艺术	yìshù	イシュゥ
軽食	点心	diǎnxin	ティエンシィン
携帯電話	手机/大哥大	shǒujī/dàgēdà	ショウチィ/ダアコタア
契約	合同	hétong	ホとォン
経理	会计	kuàijì	コワイチイ
けがをする	受伤	shòushāng	ショウシャん

外科	外科	wàikē	ワイこ
劇場	剧场	jùchǎng	チュイちゃん
下校する(学校がおわる)	放学	fàngxué	ファンシュエ
けさ	今天早上	jīntiān zǎoshang	チィンティエンツァオシャン
消しゴム	橡皮	xiàngpí	シィアんぴィ
下車する	下车	xià chē	シィアちョ
化粧品	化妆品	huàzhuāngpǐn	ホウチョワえんぴン
化粧をする	化妆	huàzhuāng	ホウチョワン
下段寝台	下铺	xiàpù	シィアぷウ
血圧	血压	xuèyā	シュエヤテ
血液型	血型	xuèxíng	シュエシィん
月餅	月饼	yuèbǐng	ユエぴン
月曜日	星期一	xīngqīyī	シィンちーイイ
解熱剤	退烧药	tuìshāoyào	とエイシャオヤオ
下痢(をする)	拉肚子	lā dùzi	ラアトゥツ
見学する	参观	cānguān	ツァンコワン
元気	精神	jīngshen	チィンシェン
現金	现金	xiànjīn	シィエンチィン
健康	健康	jiànkāng	チィエンかん
現像する	冲洗	chōngxǐ	ちォんシィ
ケンタッキー	肯德基	Kěndéjī	けンタチィ

こ

5	五	wǔ	ウ
濃い	浓	nóng	ノオん

公園	公园	gōngyuán	コオンユアン
公演	演出	yǎnchū	イエンちュウ
郊外	郊外	jiāowài	チィアオワイ
交換する	交换	jiāohuàn	チィアオホワン
交換台〈電話〉	总机	zǒngjī	ツゥオンチイ
高級な	高级	gāojí	カオチイ
工業	工业	gōngyè	コオンイエ
航空	航空	hángkōng	ハンこオン
航空会社	航空公司	hángkōng gōngsī	ハンこオンコオンス
航空券	机票	jīpiào	チイピィアオ
航空便	航空邮件	hángkōng yóujiàn	ハンこオン ヨウチィエン
高血圧	高血压	gāoxuèyā	カオシュエヤア
高原	高原	gāoyuán	カオユアン
高校〔生〕	高中〔生〕	gāozhōng〔shēng〕	カオチョオン〔ション〕
交差点	十字路口	shízìlùkǒu	シツルウコォウ
講師	讲师	jiǎngshī	チィアンシ
校舎	校舍	xiàoshè	シィアオショ
公衆電話	公用电话	gōngyòng diànhuà	コオンヨン ティエンホウ
工場	工厂	gōngchǎng	コオンちゃン
香水	香水	xiāngshuǐ	シィアンシュイ
高速道路	高速公路	gāosù gōnglù	カオスウ コオンルウ
紅茶	红茶	hóngchá	ホオンちゃ
交通事故	交通事故	jiāotōng shìgù	チィアオとオン シクウ
強盗	抢劫	qiǎngjié	ちィアンチィエ
交番	派出所	pàichūsuǒ	ぱイちュウスウヲ

公務員	公务员	gōngwùyuán	コオェンウユアン
コーヒー	咖啡	kāfēi	カテフェイ
氷	冰	bīng	ピン
コカコーラ	可口可乐	kěkǒukělè	コこォウこラ
小切手	支票	zhīpiào	チぴィアオ
国際線	国际航班	guójì hángbān	クゥラチィハンバン
国際電話	国际长途电话	guójì chángtú diànhuà	クゥラチィちゃんとゥティエンホウ
国籍	国籍	guójí	クゥラチィ
国内線	国内航班	guónèi hángbān	クゥラネイハンバン
黒板	黑板	hēibǎn	ヘイパン
黒板を消す	擦黑板	cā hēibǎn	ツァヘイパン
ここ	这儿	zhèr	チョる
午後	下午	xiàwǔ	シィアウ
小皿	碟子	diēzi	ティエツ
腰	腰	yāo	ヤオ
こしょう	胡椒	hújiāo	ホゥチィアオ
小銭	零钱	língqián	りンちィエン
午前	上午	shàngwǔ	シャンウ
答える	回答	huídá	ホイタテ
ごちそうさま	吃饱了	chībǎo le	ちパオラ
コック	厨师	chúshī	ちュウシ
国慶節(建国記念日・10月1日)	国庆节	Guóqìngjié	クゥラちぃェンチィエ
こっち	这边儿	zhèbiānr	ちョピィアる
小包	包裹	bāoguǒ	パオクゥオ
こってりしている	浓	nóng	ノオン

骨折	骨折	gǔzhé	クゥチヨ
骨董品	古董	gǔdǒng	グウトォん
コップ	玻璃杯	bōlibēi	ポオリィペイ
今年	今年	jīnnián	チィシニィエン
子供	小孩儿	xiǎoháir	シィアオハアる
ご飯	饭	fàn	ファン
コピー	复印	fùyìn	フゥイシ
ごみ箱	垃圾箱	lājīxiāng	ラテチィシィアン
ゴルフ	高尔夫球	gāo'ěrfūqiú	カオアるフウちィウ
これ	这(个)	zhè(ge)・zhèi(ge)	チヨ(コ)・チェイ(コ)
これら	这些	zhèxiē・zhèixiē	チヨシィエ・チェイシィエ
コレクトコール	对方付款	duìfāng fùkuǎn	トイファん フゥこワン
怖がる	怕/害怕	pà/hàipà	ぱテ/ハイぱテ
壊れ物	易碎品	yìsuìpǐn	イソイピン
今月	这月	zhè yuè	チヨ ユエ
混雑する	乱	luàn	ロワシ
今週	这星期	zhè xīngqī	チヨ シィんちィ
コンセント	插座	chāzuò	ちゃツウヲ
コンタクトレンズ	隐形眼镜	yǐnxíng yǎnjìng	イシシィん イエンチィん
コンタクトレンズの洗浄液	隐形眼镜洗涤液	yǐnxíng yǎnjìng xǐdíyè	イシシィん イエンチィん シィテイィエ
コンドーム	避孕套	bìyùntào	ピィユィンたオ
困難である	困难	kùnnan	くゥンナン
こんにちは	您好	nín hǎo	ニシ ハオ
今晩(今夜)	今天晚上	jīntiān wǎnshang	チィンてィエン ワンシャん

さ

サービス料	服务费	fúwùfèi	フゥウフェイ
～歳	～岁	～suì	～ソイ
祭日	节假日	jiéjiàrì	チィエチィアリ
サイダー	汽水	qìshuǐ	ちィシュイ
再発行	补发	bǔfā	プゥファ
財布	钱包	qiánbāo	ちィエンパオ
財布をなくす	钱包丢了	qiánbāo diū le	ちィエンパオティウラ
サイン	签名	qiānmíng	ちィエンミん
サウナ	桑拿浴	sāngnáyù	サんナアユイ
～さえも	连	lián	リィエン
探す	找	zhǎo	チャオ
魚	鱼	yú	ユイ
酒	酒	jiǔ	チィウ
叫ぶ	喊	hǎn	ハン
差出人〈郵便〉	发信人	fāxìnrén	ファシィンれン
刺す〈ハチなどが〉	蜇	zhē	チヨ
作家	作家	zuòjiā	ツゥオチィア
サッカー	足球	zúqiú	ツウちィウ
雑技	杂技	zájì	ツァチイ
雑誌	杂志	zázhì	ツァヂ
殺虫剤	杀虫剂	shāchóngjì	シャちォんチイ
さっぱりした	清淡	qīngdàn	ちィえンタン
砂糖	糖	táng	たん
砂漠	沙漠	shāmò	シャモオ

寂しい	寂寞	jìmò	ツィモォ
寒い	冷	lěng	ロン
寒気がする	发冷	fālěng	フアロン
さようなら	再见	zàijiàn	ツァイチィエン
皿	盘子	pánzi	ぱンツ
再来年	后年	hòunián	ホォウニィエン
サラダ	色拉	sèlā	ソぉラァ
サラリーマン	工薪人员	gōngxīn rényuán	コォンシィンれンユアン
猿	猴子	hóuzi	ホォウツ
触る	摸	mō	モォ
3	三	sān	サン
～さん〈敬称〉	同志/先生	tóngzhǐ/xiānsheng	とォんヂ/シィエンションを
～さん〈年配者〉	老～	lǎo	ラオ
～さん〈同輩者〉	小～	xiǎo	シィアオ
三脚	三脚架	sānjiǎojià	サンチィアオチィア
残業する	加班	jiābān	チィアパン
サンドイッチ	三明治	sānmíngzhì	サンミんヂ
残念	遗憾	yíhàn	イハン
散髪する	理发	lǐfà	リィフア

し

4	四	sì	えー
市	市	shì	シー
～時	～点	～diǎn	～ティエン
痔	痔疮	zhìchuāng	ヂちョワん

試合	比赛	bǐsài	ピィサイ
指圧	指压	zhǐyā	チヤア
幸せ	幸福	xìngfú	シィェンフウ
CD	激光唱盘	jīguāngchàngpán	チイコワンちゃんぱん
CDプレーヤー	激光唱机	jīguāngchàngjī	チイコワンちゃんチイ
シートベルト着用	系好安全带	jìhǎo ānquándài	チイハオ アンちュアンタイ
寺院	寺院	sìyuàn	スユアン
自営業	个体户	gètǐhù	コテイホウ
塩	盐	yán	イエン
歯科	牙科	yákē	ヤアコ
市外通話	长途电话	chángtú diànhuà	ちゃんとウ ティエンホウ
四角い	方形	fāngxíng	ファンシィン
しかし	但(是)/可(是)	dàn(shì)/kě(shì)	タン(シ)/コ(シ)
時間	时间	shíjiān	シチィエン
～時間	～(个)小时	~(ge)xiǎoshí	～(コ)シィアオシ
敷布団	褥子	rùzi	るウツ
試験	考试	kǎoshì	かオシ
試験に合格する	考试及格/考上	kǎoshì jígé/kǎoshàng	かオシ チイコ/かオシャん
試験を受ける	参加考试	cānjiā kǎoshì	ツァンチィア かオシ
事故	事故	shìgù	シクウ
時刻表	时刻表	shíkèbiǎo	シコピィアオ
事故証明書	事故证明	shìgù zhèngmíng	シクウ チョんミん
仕事	工作	gōngzuò	コオンツゥヲ
時差	时差	shíchā	シちャア
～しさえすれば	只要～	zhǐyào~	チヤオ～

日本語	中国語	ピンイン	カナ
支社	分公司	fēngōngsī	フェンコオんス
刺繍	刺绣	cìxiù	ラシィウ
辞書	词典	cídiǎn	ラティエン
辞書を引く	查词典	chá cídiǎn	ちゃァ ラティエン
試食	品尝	pǐncháng	ぴンちゃん
地震	地震	dìzhèn	ティチェン
静か	安静	ānjìng	アンチィん
自然	自然	zìrán	ツらン
下	下(面)	xià(mian)	シィア(ミィエン)
舌	舌头	shétou	ショとォウ
～したい	想/要	xiǎng/yào	シィアん/ヤオ
時代	时代	shídài	シタイ
下着	内衣	nèiyī	ネイイ
仕度をする	准备	zhǔnbèi	チュンペイ
七面鳥	火鸡	huǒjī	ホゥヲチイ
試着する	试穿	shìchuān	シちョワン
歯痛	牙痛	yátòng	ヤアとオん
湿布薬	湿敷布	shīfūbù	シフゥプゥ
質問	问题	wèntí	ウェンてィ
指定席	对号入座	duìhào rùzuò	トイハオ るウツゥヲ
自転車	自行车	zìxíngchē	ツシィんちョ
自動車	汽车	qìchē	ちィちヨ
市内	市内	shìnèi	シネイ
市内通話	市内电话	shìnèi diànhuà	シネイ ティエンホワ
～しなければならない	要	yào	ヤオ

品物	东西	dōngxi	トォんシィ
死ぬ	死	sǐ	ス
支配人	经理	jīnglǐ	チィンリィ
始発	头班车	tóubānchē	とォウパンちヨ
支払う	付款	fùkuǎn	フウこワン
持病	老病	lǎobìng	ラオピん
しびれる	发麻	fāmá	ファマア
渋い	涩	sè	ソぉ
紙幣	钞票	chāopiào	ちゃオピィアオ
島	岛	dǎo	タオ
地味	朴素	pǔsù	プウスウ
地元の人	本地人	běndìrén	ペンティれン
シャープペンシル	自动铅笔	zìdòng qiānbǐ	ツトォんチィエンピィ
シャオピン	烧饼	shāobǐng	シャオピん
車掌	乘务员	chéngwùyuán	ちょンウウユアン
写真	照片	zhàopiàn	チャオピィエン
写真をとる	照相	zhàoxiàng	チャオシィアん
ジャスミン茶	茉莉花茶	mòlihuāchá	モオリィホワちゃ
社長	经理	jīnglǐ	チィンリィ
ジャム	果酱	guǒjiàng	クウォチィアん
シャワー	淋浴	línyù	リンユイ
上海	上海	Shànghǎi	シャんハイ
シャンパン	香槟	xiāngbīn	シィアんピン
シャンプー	香波/洗发精	xiāngbō/xǐfàjīng	シィアんポオ/シィファチィん
週	星期	xīngqī	シィんちイ

~週間	~个星期	~ge xīngqī	~コ シィえんちィ
習慣	习惯	xíguàn	シィコワン
10	十	shí	シ
住所	地址	dìzhǐ	ティチ
自由	自由	zìyóu	ツョウ
ジュース	果汁	guǒzhī	クゥヲチ
十字路	十字路口	shízìlùkǒu	シツルゥコォウ
自由席	不对号入座	bú duìhào rùzuò	ブゥトイハオるウツゥヲ
重慶	重庆	Chóngqìng	ちォんちィん
じゅうたん	地毯	dìtǎn	ティたシ
終電	末班车	mòbānchē	モォパンちヨ
重病	重病	zhòngbìng	チョオんピん
重要である	要紧	yàojǐn	ヤオチィン
出発地	出发地点	chūfā dìdiǎn	ちュウファ ティティエン
シューマイ	烧卖	shāomai	シャヲマイ
週末	周末	zhōumò	チョウモォ
周遊券	通票	tōngpiào	とオんぴィアオ
修理する	修理	xiūlǐ	シィウリィ
宿題	作业	zuòyè	ツゥライエ
授業	功课/课	gōngkè/kè	コオんミ/ミ
授業がある	有课	yǒu kè	ヨウミ
授業が終わる	下课	xià kè	シィテミ
授業がない	没课	méi kè	メイミ
授業に出る(が始まる)	上课	shàng kè	シャんミ
手術	手术	shǒushù	ショウシュウ

出勤する	上班	shàngbān	シャんパン
出張	出差	chūchāi	ちュウちゃイ
出入国管理	出入境审批	chūrùjìng shěnpī	ちュウるウチィん シェンピィ
朱肉	印泥	yìnní	イシニイ
春節〈旧正月〉	春节	chūnjié	ちュンチィエ
小学校〔生〕	小学〔生〕	xiǎoxué〔shēng〕	シィアオシュエ〔ショん〕
正午	中午	zhōngwǔ	チョオえウ
乗車する	坐车/上车	zuò chē/shàng chē	ツゥヲちョ/シャんちヨ
丈夫である	结实	jiēshi	チィエシ
使用中〈トイレ〉	有人	yǒurén	ヨウれン
商人	商人	shāngrén	シャんれン
商売	生意	shēngyi	ショんイ
醤油	酱油	jiàngyóu	チィアんヨウ
助教授	副教授	fùjiàoshòu	フゥチィアオショウ
食事をする	吃饭	chī fàn	ちファン
食事が喉を通らない	吃不下饭	chībuxià fàn	ちブシィア ファン
職業	职业	zhíyè	チィェ
食堂	食堂	shítáng	シたん
食堂車	餐车	cānchē	ツァンちヨ
食堂で食べる	吃食堂	chī shítáng	ちシたん
職場	单位	dānwèi	タンウェイ
植物園	植物园	zhíwùyuán	チウユアン
助手	助教	zhùjiào	チュチィアオ
書籍	书籍	shūjí	シュウチイ
書店	书店	shūdiàn	シュウティエン

しょっぱい	咸	xián	シィエン
ショッピングセンター	购物中心	gòuwù zhōngxīn	コォウウ チョオンシィン
視力	视力	shìlì	シリィ
シルク	丝绸	sīchóu	スちョウ
白い	白	bái	パイ
申告する	申报	shēnbào	シェンパオ
新婚旅行	新婚旅行	xīnhūn lǚxíng	シィンホン リュイシィん
人事	人事	rénshì	れシシ
診察する	看病	kàn bìng	かシ ピえ
寝室	卧室	wòshì	ウヲシ
真珠	珍珠	zhēnzhū	チェンチュ
信じる	相信	xiāngxìn	シィアんシィン
親切	热心	rèxīn	ろぉシィン
心臓	心脏	xīnzàng	シィンツァん
腎臓病	肾脏病	shènzàngbìng	シェンツァんピん
心臓発作	心脏病发作	xīnzàngbìng fāzuò	シィンツァんピん フテツゥオ
寝台車	卧铺车	wòpùchē	ウヲぷウちョ
身体障害者	残疾人	cánjírén	ツァンチィれン
診断書	诊断书	zhěnduànshū	チェントワンシュウ
身長	身高	shēngāo	シェンカオ
陣痛	阵痛	zhèntòng	チェンとオん
心配する	担心	dānxīn	タンシィン
新聞	报纸	bàozhǐ	パオチ
じん麻疹	风疙瘩	fēnggēda	フォんコタア

人民元	人民币	Rénmínbì	れシミシピィ
1元	一块	yí kuài	イコワイ
1角	一毛	yì máo	イマオ
1分	一分	yì fēn	イフェシ
診療所	诊疗所	zhěnliáosuǒ	チェンリィアオスゥヲ
森林	森林	sēnlín	センリシ
親類	亲戚	qīnqī	ちぃシちィ

す

酢	醋	cù	つゥ
スイカ	西瓜	xīguā	シィコワ
水ギョーザ	水饺	shuǐjiǎo	シュイチィアオ
水晶	水晶	shuǐjīng	シュイチィん
水族館	水族馆	shuǐzúguǎn	シュイツゥコワン
水道	自来水	zìláishuǐ	ツライシュイ
水墨画	山水画	shānshuǐhuà	シャンシュイホウ
水曜日	星期三	xīngqīsān	シィんちィサン
スーツケース	皮箱	píxiāng	ぴィシィアン
スーパーマーケット	超级市场	chāojí shìchǎng	ちゃオチィシちゃん
スープ	汤	tāng	たん
スカート	裙子	qúnzi	ちュイシッ
好き	喜欢	xǐhuan	シィホワン
スキー	滑雪	huáxuě	ホウシュエ
少ない	少	shǎo	シャオ
すぐに	马上	mǎshang	マアシャん
スケート	滑冰	huábīng	ホウピえ

涼しい	凉快	liángkuai	リィアんこワイ
硯	砚台	yàntai	イエシたイ
スチュワーデス	空中小姐	kōngzhōng xiǎojie	こオんチョオン シィアオチィエ
頭痛	头痛	tóutòng	とォウとオん
ずっと	一直	yìzhí	イチ
すでに	已经	yǐjīng	イチィん
酸っぱい	酸	suān	ソワン
ストッキング	长筒袜	chángtǒngwà	ちゃんとオんワア
すばらしい	精彩	jīngcǎi	チィんつァイ
スプーン	小勺子	xiǎosháozi	シィアオシャオツ
酢豚	古老肉	gǔlǎoròu	クウラオろオウ
スプライト	雪碧	xuěbì	シュエピイ
全て	全部/都	quánbù/dōu	ちュアンブウ/トォウ
スポーツジム	健身房	jiànshēnfáng	チィエンシェンファん
スポーツをする	做运动	zuò yùndòng	ツゥオ ユィンとオん
ズボン	裤子	kùzi	くウツ
すまなく思う	抱歉	bàoqiàn	パオちィエン
墨	墨	mò	モオ
すみません	对不起	duìbuqǐ	トイプゥちィ
すり	扒手	páshǒu	パアショウ
〜するな	别〜	bié〜	ピィエ
〜するには及ばない	不必	búbì	プウピイ
すわる	坐	zuò	ツゥオ

せ

姓	姓	xìng	シィㄣ
西安	西安	Xī'ān	シィアㄥ
正確である	正确	zhèngquè	チョㄥチュエ
税関	海关	hǎiguān	ハイコワㄥ
税関申告書	海关申报单	hǎiguān shēnbàodān	ハイコワㄥ シェㄥバオタㄥ
税金	税	shuì	シュイ
清潔である	干净	gānjìng	カㄥチィㄣ
成人	成年人	chéngniánrén	チョㄥニィエㄥれㄥ
生年月日	出生日期	chūshēng rìqī	チュウショㄥ りちィ
政府	政府	zhèngfǔ	チョㄥフゥ
性別	性别	xìngbié	シィㄥピィエ
生理	月经	yuèjīng	ユエチィㄥ
生理用品(ナプキン)	卫生巾	wèishēngjīn	ウェイショㄥチィㄥ
セーター	毛衣	máoyī	マオイ
世界	世界	shìjiè	シチィエ
背が低い	矮	ǎi	アイ
咳(をする)	咳嗽	késou	ㇰソォウ
席	坐位	zuòwèi	ツゥヲウェイ
責任	责任	zérèn	ツゥれㄥ
石鹸	肥皂	féizào	フェイツァオ
背中	后背	hòubèi	ホォウペイ
狭い〈幅・面積〉	窄	zhǎi	チャイ
0	零	líng	りㄥ
千	千	qiān	チィエㄥ
先月	上月	shàngyuè	シャㄥユエ

専攻〈学科〉	专业	zhuānyè	チョワンシィエ
先日	前几天	qiánjǐtiān	ちィエンチィティエン
先週	上星期	shàngxīngqī	シャンシィンちィ
扇子	扇子	shànzi	シャンツ
喘息	哮喘	xiàochuǎn	シィアオちョワン
洗濯する	洗衣服	xǐ yīfu	シィイフゥ
洗濯物	洗的衣服	xǐ de yīfu	シィダイフゥ
栓抜き	起子	qǐzi	ちィツ
全部	全部	quánbù	ちュアンブゥ

そ

象	象	xiàng	シィアン
草原	草原	cǎoyuán	ツァオユアン
掃除する	打扫	dǎsǎo	ダァサオ
総務	总务	zǒngwù	ツゥオンウゥ
ソーセージ	香肠	xiāngcháng	シィアンちゃン
速達	快件	kuàijiàn	コワイチィエン
そこ	那儿	nàr	ナァる
卒業する	毕业	bìyè	ピィイエ
ソックス	短袜	duǎnwà	トワンワァ
袖	袖子	xiùzi	シィウツ
外	外(边)	wài(bian)	ワイ(ピィエン)
その上	并且/而且	bìngqiě/érqiě	ピンちィエ/アるちィエ
祖父〈父方〉	爷爷	yéye	イエイエ
祖父〈母方〉	老爷	lǎoye	ラオイエ

ソファー	沙发	shāfā	シャフア
祖母〈父方〉	奶奶	nǎinai	ナイナイ
祖母〈母方〉	姥姥	lǎolao	ラオラオ
空	天空	tiānkōng	ティエンコォン
それ	那(个)	nà(ge)・nèi(ge)	ナァ(コ)・ネイ(コ)
それから	然后	ránhòu	らンホォウ
それでは	那么	nàme	ナァモ
それら	那些	nàxiē・nèixiē	ナァシィエ・ネイシィエ

た

ターンテーブル	转盘	zhuǎnpán	チョワンぱン
退院する	出院	chūyuàn	ちュウユアン
体温	体温	tǐwēn	ティウェン
体温計	体温计	tǐwēnjì	ティウェンチィ
大学〔生〕	大学〔生〕	dàxué〔shēng〕	タァシュエ〔ショォン〕
太極拳	太极拳	tàijíquán	たイチイちュアン
代金	货款	huòkuǎn	ホゥヲコワン
体育館	体育馆	tǐyùguǎn	ティユイコワン
たいくつな	无聊	wúliáo	ウリィアオ
滞在する	逗留	dòuliú	トォウリィウ
大使館	大使馆	dàshǐguǎn	タァシコワン
退社する	下班	xiàbān	シィアパン
体重	体重	tǐzhòng	ティチョオン
大丈夫	没关系	méi guānxi	メイコワンシィ
大切な	重要的	zhòngyào de	チョォンヤオダ

— 165 —

だいたい	差不多	chàbuduō	ちゃプトゥヲ
台所	厨房	chúfáng	ちュウファん
台風	台风	táifēng	たイフぉン
たいへん	很	hěn	ヘン
大便	大便	dàbiàn	タテピィエシ
タイヤ	车胎	chētāi	ちョたイ
太陽	太阳	tàiyáng	たイヤァん
大陸	大陆	dàlù	タテルゥ
体力	体力	tǐlì	ティリィ
台湾	台湾	Táiwān	たイワシ
タオル	毛巾	máojīn	マオチィシ
倒れる	倒	dǎo	タオ
高い〈等級が〉	高	gāo	カオ
高い〈値段が〉	贵	guì	コイ
抱く	抱	bào	パオ
タクシー	出租车	chūzūchē	ちュウツゥちョ
タクシー乗り場	出租车站	chūzūchēzhàn	ちュウツゥちョチャシ
タクシーを拾う	打的	dǎ dī	タア テイ
託児所	托儿所	tuō'érsuǒ	とゥラるスゥヲ
足す	加	jiā	チィア
助けて	救命	jiùmìng	チィウミん
正しい(あっている)	对	duì	トイ
ただ(〜だけ)	只	zhǐ	チ
立ち席	站票	zhànpiào	チャンピィアオ
立つ	站	zhàn	チャシ

卓球	乒乓球	pīngpāngqiú	ぴんぱんちぃウ
たった今	刚	gāng	カん
建物	房子	fángzi	ファんツ
楽しい	愉快/快乐	yúkuài/kuàilè	ユィこワイ/こワイラ
タバコ	香烟	xiāngyān	シィアシィエン
タバコを吸う	抽烟	chōu yān	ちョウ イエン
旅	旅游	lǚyóu	リュィヨウ
食べる	吃	chī	ち
卵	鸡蛋	jīdàn	チィタシ
玉ねぎ	洋葱	yángcōng	ヤァんつオん
たまたま	偶然	ǒurán	オウらシ
ダメ	不行	bùxíng	プゥシぃん
だるい	浑身没劲儿	húnshēn méi jìnr	ホンシェン メイ チぃる
誰	谁/什么人	shéi/shénme rén	シェイ/シェシモれシ
男性	男性	nánxìng	ナシシぃん
暖房	暖气	nuǎnqì	ノワンちぃ
タンメン	汤面	tāngmiàn	たん ミィエン

ち

血	血	xiě	シィエ
小さい	小	xiǎo	シィアオ
チーズ	干酪	gānlào	カンラオ
チーパオ(チャイナドレス)	旗袍	qípáo	ちぃぱオ
チェックアウト	退房	tuìfáng	とイファん
近い	近	jìn	チぃシ

地下鉄	地铁	dìtiě	ティティエ
地球	地球	dìqiú	ティチィウ
チケットを買う	买票	mǎi piào	マイピィアオ
地図	地图	dìtú	ティとウ
父	父亲/爸爸	fùqin/bàba	フゥちィン/パアパア
チップ	小费	xiǎofèi	シィアオフェイ
茶	茶	chá	ちゃ
チャーハン	炒饭	chǎofàn	ちゃオファン
茶色	咖啡色	kāfēisè	かアフェイソぉ
茶館	茶馆	cháguǎn	ちゃコワン
着陸する	着陆	zhuólù	チュラルゥ
茶の葉	茶叶	cháyè	ちゃイエ
茶碗	饭碗	fànwǎn	ファンワン
チャンネル	频道	píndào	ぴシタオ
中学〔生〕	初中〔生〕	chūzhōng(shēng)	チュウチョオん(しょん)
中華まんじゅう	包子	bāozi	パオツ
中華料理	中国菜	Zhōngguócài	チョオンクゥラつァイ
中級	中级	zhōngjí	チョオんチィ
中国	中国	Zhōngguó	チョオンクゥラ
中国語	汉语/中文	Hànyǔ/Zhōngwén	ハシユイ/チョオンウェン
注射する	打针	dǎ zhēn	タアチェン
昼食	午饭	wǔfàn	ウファン
中段寝台	中铺	zhōngpù	チョオンぷウ
注文する〈料理を〉	点菜	diǎn cài	ティエンつァイ
腸	肠	cháng	ちゃん

長距離電話	长途电话	chángtú diànhuà	ちゃんとうティエンホウ
朝食	早饭	zǎofàn	ツァオファン
朝鮮	朝鲜	Cháoxiān	ちゃオシィエン
調味料	佐料	zuǒliào	ツゥオリィアオ
チョコレート	巧克力	qiǎokèlì	ちィアオこミリィ
直接	直接	zhíjiē	チチィエ
チンジャオロース	青椒肉丝	qīngjiāoròusī	ちィえんチィアオろォウス
鎮痛剤	止痛片	zhǐtòngpiàn	チとオんぴィエン

つ

通訳者	翻译	fānyì	ファンイ
通路側の席	靠过道的坐位	kào guòdào de zuòwèi	かオクゥオタオ ダツゥオウェイ
使い方	用法	yòngfǎ	ヨんファ
つかむ〈わしづかみ〉	抓	zhuā	チョワ
疲れる	累	lèi	レイ
月	月亮	yuèliang	ユエリィアん
次の	下次	xiàcì	シィアつ
包む	包	bāo	パオ
つねる	拧	níng	ニん
妻	妻子/爱人	qīzi/àiren	ちィツ/アイれン
つまむ	捏	niē	ニィエ
つまらない	没意思	méi yìsi	メイ イス
爪	指甲	zhǐjia	チチィア
爪切り	指甲刀	zhǐjiadāo	チチィアタオ
冷たい	凉	liáng	リィアん

強い	强	qiáng	ちぃアン
つらい	难过	nánguò	ナンクゥオ
連れ	同伴	tóngbàn	とオンパン

て

～で〈道具・方法〉	用～	yòng~	ヨン
～で〈場所〉	在～	zài~	ツァイ
手	手	shǒu	ショウ
定期券	月票	yuèpiào	ユエピィアオ
低血圧	低血压	dīxuèyā	ティシュエヤァ
定刻	准时	zhǔnshí	チュンシ
Tシャツ	T恤衫	T xùshān	Tシュイシャン
停車する	停车	tíngchē	ティンチョ
定食	份饭	fènfàn	フェンファン
ディスコ	迪斯科	dísīkē	ティスコ
ティッシュペーパー	纸巾	zhǐjīn	チチィン
デートする	约会	yuēhuì	ユエホイ
テーブル	桌子	zhuōzi	チュオツ
テープレコーダー	录音机	lùyīnjī	ルウインチイ
出かける	出去	chūqu	チュウチュイ
手紙	信	xìn	シィン
テキスト	课本	kèběn	コペン
適切である	合适	héshì	ホシ
できる〈技術的に〉	会	huì	ホイ
できる〈条件が整って〉	可以	kěyǐ	コイ

できる〈能力があって〉	能	néng	ノえん
出口	出口	chūkǒu	ちュウこォウ
手首	手腕子	shǒuwànzi	ショウワシツ
手数料	手续费	shǒuxùfèi	ショウシュイフェイ
手帳	小笔记本	xiǎobǐjìběn	シィアオピィチィペン
哲学	哲学	zhéxué	チョシュエ
手続き	手续	shǒuxù	ショウシュイ
鉄道	铁路	tiělù	てィエルウ
テニス	网球	wǎngqiú	ワんちィウ
デパート	商场/百货商店	shāngchǎng/bǎihuòshāngdiàn	シャんちゃん/パイホウヮシャんティエン
手袋	手套	shǒutào	ショウたオ
出迎える	迎接	yíngjiē	イんチィエ
テレビ	电视机	diànshìjī	ティエンシチィ
テレビを見る	看电视	kàn diànshì	かン ティエンシ
テレフォンカード	电话卡	diànhuàkǎ	ティエンホウかア
店員	店员/售货员	diànyuán/shòuhuòyuán	ティエンユアン/ショウホウヮユアン
天気	天气	tiānqì	てィエンちィ
電気	电	diàn	ティエン
電気スタンド	台灯	táidēng	たイトえん
天気予報	天气预报	tiānqì yùbào	てィエンちィ ユイパオ
伝言	留言	liúyán	リィウイエン
電車	电车	diànchē	ティエンちョ
天井	天花板	tiānhuābǎn	てィエンホウパン
電子レンジ	微波炉	wēibōlú	ウェイポォルウ
天津	天津	Tiānjīn	てィエンチィン

伝染病	传染病	chuánrǎnbìng	チゥワシらンピン
電卓	计算器	jìsuànqì	チィソワンちィ
電池	电池	diànchí	ティエンち
伝統	传统	chuántǒng	チゥワシとオン
電灯	电灯	diàndēng	ティエントえン
電話	电话	diànhuà	ティエンホウ
電話番号	电话号码	diànhuà hàomǎ	ティエンホウハオマア
電話ボックス	电话亭	diànhuàtíng	ティエンホウてィん
電話をかける	打电话	dǎ diànhuà	タア ティエンホウ

と

~と	和/跟	hé/gēn	ホ/ケシ
ドア	门	mén	メン
ドアに鍵をかける	锁门	suǒ mén	スウオ メン
ドアをノックする	敲门	qiāo mén	ちィアオメン
ドイツ	德国	Déguó	タクゥオ
トイレ	洗手间/厕所	xǐshǒujiān/cèsuǒ	シィショウチィエン/つお スウオ
トイレットペーパー	卫生纸	wèishēngzhǐ	ウェイショえンチ
トイレに行く	上厕所	shàng cèsuǒ	シャん つお スウオ
どう	怎么样	zěnmeyàng	ツェンモヤあン
どう行く	怎么走	zěnme zǒu	ツェンモ ツォウ
どういたしまして	没什么	méi shénme	メイ シェシモ
東京	东京	Dōngjīng	トォんチィん
登校する	上学	shàng xué	シャん シュエ
陶磁器	陶瓷器	táocíqì	たオうちィ

日本語	中文	ピンイン	カナ
どうして	为什么	wèishénme	ウェイシェシモ
搭乗ゲート	登机口	dēngjīkǒu	トえチィコォウ
搭乗券	登机牌	dēngjīpái	トえチィぱイ
到着する	到达	dàodá	タオタテ
堂々と	堂堂正正	tángtángzhèngzhèng	たんたんチョンチョン
盗難証明書	失窃证明	shīqiè zhèngmíng	シちィエ チョんミん
豆乳	豆浆	dòujiāng	トォウチィアン
糖尿病	糖尿病	tángniàobìng	たんニィアオピん
豆腐	豆腐	dòufu	トォウフゥ
動物園	动物园	dòngwùyuán	トォえウウアシ
道路	马路	mǎlù	マアルゥ
道路地図	公路图	gōnglùtú	コオえルゥとウ
遠い	远	yuǎn	ユアン
通り	大街	dàjiē	タテチィエ
時々	有时	yǒushí	ヨウシ
読書する	看书	kàn shū	かン シュウ
特徴	特点	tèdiǎn	たティエン
毒物	毒药	dúyào	トゥヤオ
特別な	独特	dútè	トゥた
時計〈腕時計〉	表	biǎo	ピィアオ
時計〈置き時計〉	钟	zhōng	チョオえ
どこ	哪儿/什么地方	nǎr/shénme dìfang	ナアる/シェシモ ティファん
床屋	理发店	lǐfàdiàn	リィファテティエシ
登山	爬山	pá shān	ぱアシャシ
年上である	大	dà	タテ

— 173 —

年下である	小	xiǎo	シィアオ
図書館	图书馆	túshūguǎn	トゥシュウコワン
土地	土地	tǔdì	トゥティ
特急	特快	tèkuài	たこワイ
どっち	哪边儿	nǎbianr	ナアピィアる
届ける	送到	sòngdào	ソォんタオ
隣	邻居	línjū	リンチュイ
どのくらい	多少	duōshao	トゥラシャオ
どのくらい〈一桁の数〉	几(个)	jǐ(ge)	チィ(コ)
どのくらい〈時間〉	多久	duōjiǔ	トゥラチィウ
どのような	怎么样	zěnmeyàng	ツェンモヤァん
どのように	怎么	zěnme	ツェンモ
停まる	停	tíng	てィん
泊まる	住	zhù	チュ
友達	朋友	péngyou	ぽんヨウ
土曜日	星期六	xīngqīliù	シィんちイリィウ
虎	老虎	lǎohǔ	ラオホゥ
ドライヤー	吹风机	chuīfēngjī	チョイフォんチイ
トラベラーズチェック	旅行支票	lǚxíng zhīpiào	リュイシィん チぴィアオ
鳥	鸟	niǎo	ニィアオ
取り消す	取消	qǔxiāo	チュイシィアオ
鶏肉	鸡肉	jīròu	チイろォウ
どれ	哪(个)	nǎ(ge)・něi(ge)	ナア(コ)・ネイ(コ)
どれ〈複数〉	哪些	nǎxiē・něixiē	ナアシィエ・ネイシィエ
トロリーバス	无轨电车	wúguǐ diànchē	ウコイ ティエンちョ

な

名	名字	míngzi	ミンツ
内科	内科	nèikē	ネイミ
内線	内线	nèixiàn	ネイシィエン
ナイトクラブ	夜总会	yèzǒnghuì	イエツゥオんホイ
ナイフ	小刀	xiǎodāo	シィアオタオ
中	中/里(边)	zhōng/lǐ(bian)	チョオン/リィ(ピィエン)
長い〈空間・時間〉	长	cháng	ちゃん
長い〈時間〉	久	jiǔ	チィウ
長袖	长袖	chángxiù	ちゃんシィウ
泣く	哭	kū	クウ
なくす	丢失	diūshī	ティウシ
ナシ	梨	lí	リィ
なす	茄子	qiézi	ちィエツ
なぜ	为什么	wèishénme	ウェイシェンモ
夏	夏天	xiàtiān	シィアティエン
ナツメ	枣	zǎo	ツァオ
なでる	摸	mō	モオ
7	七	qī	ちィ
なに(?)	什么	shénme	シェンモ
～なので	因为	yīnwèi	インウェイ
ナプキン(生理用品)	卫生巾	wèishēngjīn	ウェイションチィン
名前	姓名	xìngmíng	シィえミん
生演奏	演奏	yǎnzòu	イェンツォウ
生ビール	鲜啤酒	xiānpíjiǔ	シィエンピィチィウ

— 175 —

波	波浪	bōlàng	ポオランえ
涙	眼泪	yǎnlèi	イェンレイ
習う	学习	xuéxí	シュエシイ
軟膏	软膏	ruǎngāo	ろワンカオ
何時	几点	jǐ diǎn	チイ ティエン

に

2	二	èr	アる
似合う	合适	héshì	禾シ
苦い	苦	kǔ	くゥ
にぎやかである	热闹	rè'nao	ろぉナオ
にぎる	握	wǒ	ウヲ
肉	肉	ròu	ろォウ
肉まん	肉包子	ròubāozi	ろォウパオツ
憎む	恨	hèn	ヘン
西	西(边)	xī(bian)	シイ(ピィエン)
虹	彩虹	cǎihóng	ツァイホオん
〈揚げたあと、汁を加えて〉煮たりいためる	烧	shāo	シャオ
日	号/日	hào/rì	ハオ/リ
～日間	～天	tiān	ティエン
日曜日	星期天	xīngqītiān	シィんちイティエン
日用品	日用品	rìyòngpǐn	リヨんピン
～にとって	对	duì	トイ
日本	日本	Rìběn	リペン
日本円	日元	Rìyuán	リユアン

日本語	日语	Rìyǔ	リユイ
日本大使館	日本大使馆	Rìběn Dàshǐguǎn	リペンタアシコワン
日本領事館	日本领事馆	Rìběn Lǐngshìguǎn	リペンリんシコワン
日本料理	日本菜	Rìběncài	リペンツァイ
荷物	行李	xíngli	シィえんリィ
荷物預かり証	行李牌	xínglipái	シィえんリィぱイ
荷物を置く	放行李	fàng xíngli	ファえんシィえんリィ
入院	住院	zhùyuàn	チユアシ
入学する	入学	rùxué	るウシュエ
入国カード	入境登记卡	rùjìng dēngjìkǎ	るウチィえんトんチィかア
入国審査	入境审批	rùjìng shěnpī	るウチィえんシェんピィ
入場料	门票	ménpiào	メんピィアオ
〈たっぷり水をくわえて〉煮る	煮	zhǔ	チユ
〈ふたをしてとろ火で〉煮る	焖	mèn	メん
〈湯に入れてさっと〉煮る	汆	cuān	ツォワシ
ニューヨーク	纽约	Niǔyuē	ニィウユエ
にわとり	鸡	jī	チィ
人気がある	受欢迎	shòu huānyíng	ショウホワシィん
妊娠する	怀孕	huáiyùn	ホワイユィン
にんじん	胡萝卜	húluóbo	ホウルウラポオ

ぬ

抜く	拔	bá	パア
盗まれる	被盗/被偷了	bèi dào/bèi tōu le	ペイタオ/ペイとオウラ
ぬるい	不热	bú rè	プウろぉ

ね

ネクタイ	领带	lǐngdài	リンタイ
ネクタイを結ぶ	系领带	jì lǐngdài	チイ リンタイ
猫	猫	māo	マオ
値段	价钱	jiàqian	チィアチィエン
熱	热	rè	ろぉ
ネッカチーフ	领巾	lǐngjīn	リンチィン
ネックレス	项链	xiàngliàn	シィアンリィエン
値引き	减价	jiǎnjià	チィエンチィア
眠い	困	kùn	くゥン
眠る	睡觉	shuìjiào	シュイチィアオ
眠れない	睡不着	shuìbuzháo	シュイプゥチャオ
年	年	nián	ニィエン
捻挫する	扭伤	niǔshāng	ニィウシャン

の

農業	农业	nóngyè	ノオンイェ
～のために	给	gěi	ケイ
ノート	本子	běnzi	ペンツ
ノックする	敲	qiāo	チィアオ
喉	嗓子	sǎngzi	サンツ
のどが渇く	渴	kě	コ
ののしる	骂	mà	マア
登る	爬	pá	ぱア
飲み物	饮料	yǐnliào	インリィアオ

飲む	喝	hē	ホ
乗り遅れる	误车	wùchē	ウチョ
乗り換える	倒车	dǎochē	タオちョ
乗り越す	坐过站	zuòguò zhàn	ツゥヲクゥヲ チャシ
乗り継ぐ〈飛行機に〉	转机	zhuǎnjī	チョワンチイ
乗り物	交通工具	jiāotōng gōngjù	チィアオとオン コオンチュイ
乗り物酔い〈車〉	晕车	yùnchē	ユィンちョ
乗る〈車に〉	上(车)	shàng(chē)	シャん(ちョ)

は

歯	牙齿	yáchǐ	ヤチち
バー	酒吧	jiǔbā	チィウパー
パーサー	事务长	shìwùzhǎng	シウチャん
パーマをかける	烫头发	tàng tóufa	たん とオウファ
灰皿	烟灰缸	yānhuīgāng	イエンホイカん
歯医者	牙医	yáyī	ヤテイ
売店	商店	shāngdiàn	シャんティエン
パイナップル	菠萝	bōluó	ポオルゥヲ
俳優	演员	yǎnyuán	イエンユアン
ハエ	苍蝇	cāngying	つァんいん
パオズ	包子	bāozi	パオツ
ハガキ	明信片	míngxìnpiàn	みんシィンピィエン
吐き気	恶心	ěxin	おシィン
吐く	呕吐	ǒutù	オウとう
博物館	博物馆	bówùguǎn	ポオウコワン

はさみ	剪子	jiǎnzi	チィエンツ
箸	筷子	kuàizi	コワイツ
場所	地方	dìfang	ティファン
走る	跑	pǎo	ぱオ
バス	公共汽车	gōnggòng qìchē	コオンコオンちィちョ
バスタオル	浴巾	yùjīn	ユイチィン
バス停	汽车站	qìchēzhàn	ちィちョチャン
バスに乗る	坐公共汽车	zuò gōnggòngqìchē	ツゥヲ コオンコオンちィちョ
パスポート	护照	hùzhào	ホゥチャオ
パソコン	个人电脑	gèréndiànnǎo	コれンティエンナオ
肌	皮肤	pífū	ピィフゥ
バター	黄油	huángyóu	ホヮンヨゥ
畑	田地	tiándì	ティエンティ
働く	工作	gōngzuò	コオンツゥヲ
8	八	bā	バア
はっきりしている	清楚	qīngchu	ちィンちュウ
発車する	发车	fā chē	ファ ちョ
罰金	罚款	fákuǎn	ファコワン
発疹	出疹	chūzhěn	ちュウチェン
発熱(する)	发烧	fāshāo	ファシャオ
派手である	花哨	huāshao	ホヮシャオ
ハト	鸽子	gēzi	コツ
バドミントン	羽毛球	yǔmáoqiú	ユイマオちィゥ
花	花	huā	ホヮ
鼻	鼻子	bízi	ピィツ

― 180 ―

話す	说	shuō	シュヲ
鼻血	鼻血	bíxiě	ピィシィエ
花茶	花茶	huāchá	ホウちゃ
鼻の穴	鼻孔	bíkǒng	ピィこオン
はなはだ	太	tài	たイ
バナナ	香蕉	xiāngjiāo	シィアンチィアヲ
花屋	花店	huādiàn	ホウティエン
母	母亲/妈妈	mǔqin/māma	ムゥちィン/マァマァ
歯ブラシ	牙刷	yáshuā	ヤァショウ
歯磨き粉	牙膏	yágāo	ヤァカヲ
ハム	火腿	huǒtuǐ	ホゥラとイ
早い〈時間〉	早	zǎo	ツァオ
速い〈速度〉	快	kuài	こワイ
林	树林	shùlín	シュウリン
腹	肚子	dùzi	トゥツ
払う	付款	fùkuǎn	フゥこワン
パリ	巴黎	Bālí	パァリィ
針	针	zhēn	チェン
針を打つ	扎针	zhā zhēn	チャァ チェン
春	春天	chūntiān	ちュンティエン
春巻き	春卷	chūnjuǎn	ちュンチュアン
晴れ	晴天	qíngtiān	ちィえンティエン
ハワイ	夏威夷	Xiàwēiyí	シィアウェイイ
歯を入れる	镶牙	xiāng yá	シィアン ヤァ
歯を抜く	拔牙	bá yá	パァ ヤァ

歯を磨く	刷牙	shuā yá	ショワ ヤア
晩	晩上	wǎnshang	ワンシャん
パン	面包	miànbāo	ミィエンパオ
ハンカチ	手绢儿	shǒujuànr	ショウチュアる
番号	号码	hàomǎ	ハオマア
ばんそうこう	疮口贴	chuāngkǒutiē	ちョワんコォウティエ
半袖	短袖	duǎnxiù	トワンシィウ
パンダ	熊猫	xióngmāo	シィオんマオ
反対側	对面	duìmiàn	トイミィエン
バンバンジー	棒棒鸡	bàngbàngjī	パんパんチイ
パンティーストッキング	连裤袜	liánkùwà	リィエンくウワア
パンツ	裤衩儿	kùchǎr	くウちゃアる
ハンドバッグ	手提包	shǒutíbāo	ショウティパオ
犯人	犯人	fànrén	ファンれン
ハンバーガー	汉堡包	hànbǎobāo	ハンパオパオ
パン屋	面包店	miànbāodiàn	ミィエンパオティエン

ひ

ビール	啤酒	píjiǔ	ピイチィウ
東	东(边)	dōng(bian)	トォん(ピィエン)
東(西・南・北)へ行く	往东(西・南・北)走	wǎng dōng(xi・nán・běi)zǒu	ワんトォん(シイ・ナン・ペイ)ツォウ
引き出し	抽屉	chōuti	ちョウティ
ひきつけ	抽筋	chōujīn	ちョウチィン
引き伸ばす	放大	fàngdà	ファんタア
引く	拉	lā	ラア

低い〈等級が〉	低	dī	テイ
低い〈背が〉	矮	ǎi	アイ
髭	胡子	húzi	ホウツ
髭そり	刮胡刀	guāhúdāo	コワホウタオ
髭をそる	刮脸	guā liǎn	コワ リィエン
飛行機	飞机	fēijī	フェイチイ
ビザ	签证	qiānzhèng	チィエンチョん
ピザハット	必胜客	Bìshèngkè	ピィションこ
ひじ	胳膊肘子	gēbozhǒuzi	コポオチョウツ
ビスケット	饼干	bǐnggān	ぴんカン
ビジネス	商务	shāngwù	シャんウ
美術館	美术馆	měishùguǎn	メイシュウコワン
美術書	美术书	měishùshū	メイシュウシュウ
秘書	秘书	mìshū	ミイシュウ
非常口	太平门	tàipíngmén	たイぴんメン
非常に	非常	fēicháng	フェイちゃん
ひすい	翡翠	fěicuì	フェイつォイ
ビタミン剤	维生素片	wéishēngsùpiàn	ウェイションェスウぴィエン
左	左(边)	zuǒ(bian)	ツゥヲピィエン
羊の肉	羊肉	yángròu	ヤァんろォウ
必要	需要	xūyào	シュイヤオ
ビデオ	录像	lùxiàng	ルウシィアん
ビデオテープ	录像带	lùxiàngdài	ルウシィアんタイ
ビデオデッキ	录像机	lùxiàngjī	ルウシィアんチイ
ビニール袋	塑料袋	sùliàodài	スウリィアオタイ

皮膚科	皮肤科	pífūkē	ぴィフゥコ
百	百	bǎi	パイ
日焼けどめ	防晒霜	fángshàishuāng	ファンシャイショワン
～秒	～秒	~miǎo	ミィアオ
～秒間	～秒钟	~miǎozhōng	ミィアオチョオン
病院	医院	yīyuàn	イユアン
美容院	发廊	fàláng	ファラン
病気になる	生病	shēng bìng	ショヌ ピヌ
ピリピリして辛い	麻辣	málà	マァラァ
昼	中午	zhōngwǔ	チョオヌウ
昼間	白天	báitiān	パイティエン
広い〈幅・面積〉	宽	kuān	コワン
拾う	捡	jiǎn	チィエヌ
便(びん)	航班	hángbān	ハヌパヌ
貧血	贫血	pínxuè	ぴヌシュエ
便箋	信纸	xìnzhǐ	シィンヂ

ふ

ファーストフード	快餐店	kuàicāndiàn	コワイツァンティエン
ファックス	传真	chuánzhēn	チョワンチェン
ファックスを送る	发传真	fā cháunzhēn	ファ チョワンチェン
フィルム	胶卷	jiāojuǎn	チィアオチュアン
風景	风景	fēngjǐng	フォンチィン
封筒	信封	xìnfēng	シィンフォン
プール	游泳池	yóuyǒngchí	ヨウヨンチ

フォーク	餐叉	cānchā	ツァンちゃ
深い	深	shēn	シェン
ふかひれスープ	鱼翅汤	yúchìtāng	ユイちたえ
吹く	吹	chuī	ちョイ
拭く(こする)	擦	cā	ツァ
複雑である	复杂	fùzá	フウツァ
復習する	复习	fùxí	フウシイ
複製品	复制品	fùzhìpǐn	フウチぴン
服装	服装	fúzhuāng	フウチョワえ
腹痛	腹痛	fùtòng	フウとオえ
服務員(サービス係)	服务员	fúwùyuán	フウウユアシ
服を着替える	换衣服	huàn yīfu	ホワシ イフウ
服を着る	穿衣服	chuān yīfu	ちョワシ イフウ
服をぬぐ	脱衣服	tuō yīfu	とウラ イフウ
部署	部门	bùmén	ブウメシ
豚肉	猪肉	zhūròu	チユろォウ
部長	部长	bùzhǎng	ブウチャン
普通車	硬席	yìngxí	イんシイ
普通郵便	平信	píngxìn	ぴシシィシ
筆	毛笔	máobǐ	マオピィ
太い(あらい)	粗	cū	ツウ
ブドウ	葡萄	pútao	ぷウたオ
太った	胖了	pàng le	ぱえ ラ
布団	铺盖	pūgai	ぷウカイ
船便	船寄	chuánjì	ちョワシチイ

— 185 —

船	船	chuán	チョワン
冬	冬天	dōngtiān	トォんてィエん
ブラウス	衬衫	chènshān	ちぇンシャン
ブラジャー	乳罩	rǔzhào	るゥチャオ
プラットホーム	站台	zhàntái	チャンたイ
フランス	法国	Fǎguó	ファクゥラ
ブランデー	白兰地	báilándì	パイランティ
ブランド品	名牌产品	míngpái chǎnpǐn	ミんぱイ ちゃンぴン
古い	旧	jiù	チィウ
古本屋	旧书店	jiùshūdiàn	チィウシュウティエン
触れる	碰	pèng	ぽん
フロッピーディスク	磁盘	cípán	ちぱン
風呂に入る	洗澡	xǐzǎo	シィツァオ
フロント	服务台	fúwùtái	フゥウたイ
～分	～分	～fēn	フェン
～分間	～分钟	～fēnzhōng	フェンチョオン
文化	文化	wénhuà	ウェンホウ
文学	文学	wénxué	ウェンシュエ
紛失する	丢失	diūshī	ティウシ
文房具	文具	wénjù	ウェンチュイ

へ

ヘアブラシ	梳子	shūzi	シュウツ
米ドル	美元/美金	Měiyuán/Měijīn	メイユアン/メイチィン
ベーコン	熏肉	xūnròu	シュインろォウ

北京	北京	Běijīng	ペィチィえん
北京ダック	北京烤鸭	Běijīng kǎoyā	ペィチィえん かオヤテ
ベストセラー	畅销书	chàngxiāoshū	ちゃんシィアオシュウ
へそ	肚脐	dùqí	トゥちィ
下手	很差	hěn chà	ヘン ぢゃ
ベッド	床	chuáng	ちョワん
ベッドシーツ	床单	chúngdān	ちョワんタン
ヘッドホン	耳机	ěrjī	ア<u>る</u>チィ
別々	分别	fēnbié	フェンピィエ
蛇	蛇	shé	シょ
ベビーカー	婴儿车	yīng'érchē	イえアるちョ
ベビーシート	婴儿座椅	yīng'ér zuòyǐ	イえアる ツゥオイ
ベビーベッド	婴儿床	yīng'érchuáng	イえアるちョワん
ペプシコーラ	百事可乐	bǎishìkělè	パィシこラ
部屋	房间	fángjiān	ファんチィエン
ベル	电铃	diànlíng	ティエンリん
ベルを押す	按电铃	àn diànlíng	ア<u>ン</u> ティエンリん
ベルト	带子	dàizi	タイッ
勉強する	学习	xuéxí	シュエシィ
弁護士	律师	lǜshī	リュヌシ
扁桃腺炎	扁桃体炎	biǎntáotǐyán	ピィエンたオテ<u>ィ</u>イエン
便秘	便秘	biànmì	ピィエンミィ
返品する	退货	tuìhuò	とイホゥヲ
便利(である)	方便	fāngbiàn	ファんピィエン

ほ

保育園	幼儿园	yòu'éryuán	ヨウアるユアン
ホイコーロウ	回锅肉	huíguōròu	ホイクゥラろオウ
貿易	贸易	màoyì	マオイ
膀胱炎	膀胱炎	pángguāngyán	ぱんコワンイェン
宝石	宝石	bǎoshí	パオシ
帽子	帽子	màozi	マオツ
包帯	绷带	bēngdài	ポンタイ
訪問する	访问	fǎngwèn	ファンウェン
法令	法令	fǎlìng	ファりん
ほうれんそう	菠菜	bōcài	ポオツァイ
ボーイ	服务员	fúwùyuán	フウウユアン
ボーイフレンド	男朋友	nánpéngyou	ナンぽんヨウ
ボールペン	圆珠笔	yuánzhūbǐ	ユアンチュピィ
他の	别的	bié de	ピィエダ
ポケット	口袋	kǒudài	コォウタイ
ポケットベル	呼机/BP机	hūjī/BP jī	ホウチイ/BPチイ
保険	保险	bǎoxiǎn	パオシィエン
歩行者	行人	xíngrén	シィれん
星	星星	xīngxing	シィんシィん
ほしい	要/想要	yào/xiǎngyào	ヤオ/シィアンヤオ
補習(する)	辅导	fǔdǎo	フウタオ
保証金	押金	yājīn	ヤアチィン
保証書(鑑定書)	鉴定书	jiàndìngshū	チィエンティんシュウ
ポスト	邮筒	yóutǒng	ヨウとオん

細い(こまかい)	细	xì	シィ
ボタン	扣子	kòuzi	コォウツ
ポット(魔法瓶)	暖水瓶	nuǎnshuǐpíng	ノワシュィぴん
ホテル	饭店	fàndiàn	ファンティエン
ホテルに泊まる	住饭店	zhù fàndiàn	チュ ファンティエン
歩道橋	过街天桥	guòjiē tiānqiáo	クゥヲチィエ テイエンちィアオ
哺乳瓶	奶瓶	nǎipíng	ナィぴん
骨	骨头	gǔtou	クゥとオウ
保母	保姆	bǎomǔ	パオムゥ
本	书	shū	シュウ
香港	香港	Xiānggǎng	シィアンかん
本社	总公司	zǒnggōngsī	ツゥオンコオンス
ほんとう(に)	真的	zhēnde	チェンダ
本物	真品	zhēnpǐn	チェンぴン

ま

マーボードウフ	麻婆豆腐	mápódòufu	マアぽオトォウフゥ
マイクロバス	面包车	miànbāochē	ミィエンパオちョ
迷子	走丢的孩子	zǒudiū de háizi	ツォウティウダハイツ
毎年	每年	měinián	メイニィエン
毎日	每天/天天	měitiān/tiāntiān	メイティエン/ティエンティエン
前	前(边)	qián(bian)	ちィエン(ピィエン)
前歯	门牙	ményá	メンヤア
曲がる	拐弯	guǎiwān	コワイワン
左〔右〕に曲がる	向左〔右〕拐	xiàng zuǒ(yòu)guǎi	シィアン ツゥヲ(ヨウ)コワイ

— 189 —

枕	枕头	zhěntóu	チェンとオウ
枕カバー	枕套/枕巾	zhěntào/zhěnjīn	チェンたオ/チェンチィン
マクドナルド	麦当劳	Màidāngláo	マイタんラオ
負ける	输	shū	シュウ
孫〈男〉	孙子	sūnzi	スゥシツ
孫〈女〉	孙女	sūnnǚ	スゥシニュイ
まじめである	认真	rènzhēn	れシチェシ
まじめである(正直である)	老实	lǎoshi	ラオシ
まずい	难吃	nán chī	ナシち
街	街	jiē	チィエ
待合室〈空港〉	候机室	hòujīshì	ホォウチイシ
間違う(誤っている)	错	cuò	つゥヲ
待つ	等待	děngdài	トンタイ
睫毛	睫毛	jiémáo	チィエマオ
まっすぐ	一直	yìzhí	イチ
まっすぐ行く	一直走	yìzhí zǒu	イチツォウ
マッチ	火柴	huǒchái	ホウヲちャイ
窓	窗户	chuānghu	ちョワんホゥ
窓側の席	靠窗户的坐位	kào chuānghu de zuòwèi	かオちョワんホゥダツゥヲウェイ
窓口	窗口	chuāngkǒu	ちョワんコォウ
学ぶ	学/学习	xué/xuéxí	シュエ/シュエシィ
眉毛	眉毛	méimao	メイマオ
マフラー	围巾	wéijīn	ウェイチィン
迷う〈道に〉	迷路	mí lù	ミイルゥ
丸い	圆	yuán	ユアシ

マレーシア	马来西亚	Mǎláixīyà	マァライシィヤァ
万	万	wàn	ワン
漫画本	小人书	xiǎorénshū	シィアオれンシュウ
満席	客满	kèmǎn	コマン
満足	满意	mǎnyì	マンイ
マントー	馒头	mántou	マントォウ
真ん中	中间	zhōngjiān	チョンチィエン
万年筆	钢笔	gāngbǐ	カンピィ

み

見送る	送行	sòngxíng	ソォンシィん
ミカン	桔子	júzi	チュイツ
右	右(边)	yòu(bian)	ヨウ(ピィエン)
短い	短	duǎn	トワン
水	水	shuǐ	シュイ
水色	浅蓝色	qiǎnlánsè	ちィエンランソぉ
湖	湖	hú	ホウ
水虫	脚气	jiǎoqì	チィアオちィ
水割り	兑水威士忌	duìshuǐ wēishìjì	トイシュイウェイシチィ
店	商店	shāngdiàn	シャんティエン
みそ	酱	jiàng	チィアん
道順	路线	lùxiàn	ルゥシィエン
道に迷う	迷路	mí lù	ミイルゥ
道を尋ねる	问路	wèn lù	ウェンルゥ
緑色	绿色	lǜsè	リュイソぉ

― 191 ―

南	南(边)	nán(bian)	ナン(ピィエン)
ミニスカート	迷你裙	mínǐqún	ミィニィちュイシ
ミネラルウォーター	矿泉水	kuàngquánshuǐ	こワんちュアンシュイ
見本	样品	yàngpǐn	ヤァんぴン
耳	耳朵	ěrduo	アるトゥヲ
耳鳴り	耳鸣	ěrmíng	アるミん
明朝	明天早上	míngtiān zǎoshang	ミんティエン ツァオシャん
見る	看	kàn	かン
〈遠くを〉見る	望	wàng	ワん
ミルク	牛奶	niúnǎi	ニィウナイ
民族音楽	民族音乐	mínzú yīnyuè	ミンツゥ イシユエ

む

向かいに	对面	duìmiàn	トイミィエン
無効	无效	wúxiào	ウシィアオ
虫	虫子	chóngzi	ちォんツ
蒸し暑い	闷热	mēnrè	メンろォ
虫歯	虫牙	chóngyá	ちォんヤァ
蒸す	蒸	zhēng	チョん
難しい	难	nán	ナン
息子	儿子	érzi	アるツ
娘	女儿	nǚ'ér	ニュイ アる
胸	胸脯	xiōngpú	シィオんぷウ
紫色	紫色	zǐsè	ツソォ
無料	免费	miǎnfèi	ミィエンフェイ

め

日本語	中文	ピンイン	カナ
目	眼睛	yǎnjing	イェンチィん
目の玉	眼珠儿	yǎnzhūr	イェンチュる
名刺	名片	míngpiàn	ミんぴィエン
眼医者	眼科医生	yǎnkē yīshēng	イェンコー イーション
名所旧跡	名胜古迹	míngshèng gǔjì	ミんション クゥチィ
名物	特产	tèchǎn	たちゃン
メガネ	眼镜	yǎnjìng	イェンチィん
メガネをかける	戴眼镜	dài yǎnjìng	タイ イェンチィん
目薬	眼药	yǎnyào	イェンヤオ
目覚まし時計	闹钟	nàozhōng	ナオチョォん
珍しい	罕见	hǎnjiàn	ハンチィエン
目玉焼き	煎荷包蛋	jiānhébāodàn	チィエンホーパオタン
メニュー	菜单	càidān	ツァイタン
めまい(がする)	眩晕	xuànyùn	シュアシュィん
綿	棉	mián	ミィエン
免税店	免税商店	miǎnshuì shāngdiàn	ミィエンシュイシャんティエン
面倒である	麻烦	máfan	マーファン
麺類	面条	miàntiáo	ミィエンティアオ

も

日本語	中文	ピンイン	カナ
毛布	毛毯	máotǎn	マオたン
もぐ(もぎとる)	摘	zhāi	チャイ
目的	目的	mùdì	ムゥティ
目的地	目的地	mùdìdì	ムゥティティ

日本語	中文	拼音	カナ
木曜日	星期四	xīngqīsì	シィんちィスゥ
文字	文字	wénzì	ウェンツ
もしも	如果/要是	rúguǒ/yàoshi	るゥクゥヲ/ヤオシ
もしもし	喂	wèi	ウェイ
もちろん	当然	dāngrán	タんらン
持つ〈手に取る〉	拿	ná	ナア
持つ〈水平に〉	端	duān	トワン
持って帰る	帯回	dàihuí	タイホイ
持ってくる	帯来	dàilai	タイライ
最も	最	zuì	ツォイ
もともと	本来	běnlái	ペンライ
～もまた	也	yě	イエ
桃	桃	táo	たオ
最寄りの	最近的	zuìjìn de	ツォイチィンダ
森	森林	sēnlín	センリィン
モンゴル	蒙古	Měnggǔ	モンクゥ

や

焼きそば	炒面	chǎomiàn	ちゃオミィエン
焼きビーフン	炒米粉	chǎomǐfěn	ちゃオミィフェン
焼き増しする	加洗	jiāxǐ	チィアシィ
野球	棒球	bàngqiú	パんちィウ
焼く	烧烤	shāokǎo	シャオかオ
〈少量の油でさっと〉焼く	煎	jiān	チィエン
役職	职务	zhíwù	チウ

役に立つ	有用	yǒuyòng	ヨウヨん
やけど	烫伤	tàngshāng	たんシャん
野菜	蔬菜	shūcài	シュウツァイ
やさしい〈人柄〉	体贴	tǐtiē	てィてィエ
やさしい〈簡単〉	容易	róngyì	ろオんイ
安い	便宜	piányi	ぴィエンイ
休む	休息	xiūxi	シィウシィ
痩せる	瘦	shòu	ショウ
屋台	摊子	tānzi	たンツ
薬局	药铺	yàopù	ヤオぷウ
山	山	shān	シャン
やめる	停止	tíngzhǐ	てィえんチ
軟らかい	软	ruǎn	ろワン
柔らかい(みずみずしい)	嫩	nèn	ネン

ゆ

遊園地	游乐园	yóulèyuán	ヨウラユアン
夕方	傍晚	bàngwǎn	パんワン
有効	有效	yǒuxiào	ヨウシィアオ
夕食	晚饭	wǎnfàn	ワンファン
友人	朋友	péngyou	ぽんヨウ
郵便局	邮局	yóujú	ヨウチュイ
郵便番号	邮政编码	yóuzhèng biānmǎ	ヨウチョん ピィエンマア
郵便を出す	寄信	jì xìn	チイ シィン
ゆうべ	昨天晚上	zuótiān wǎnshang	ツゥオてィエン ワンシャん

有料の	收费	shōufèi	ショウフェイ
床	地板	dìbǎn	ティパン
~行き	开往~	kāiwǎng~	かイワン
雪	雪	xuě	シュエ
雪が降る	下雪	xià xuě	シィアシュエ
輸出(品)	出口(商品)	chūkǒu(shāngpǐn)	ちュウこォウ(シャんぴン)
ゆっくり	慢慢地	mànmànde	マンマンダ
ゆで卵	煮鸡蛋	zhǔjīdàn	チュチィタン
ゆでる	煮	zhǔ	チュ
輸入(品)	进口(商品)	jìnkǒu(shāngpǐn)	チィンこォウ(シャんぴン)
指	指头	zhǐtou	チとォウ
指輪	戒指	jièzhi	チィエチ
夢を見る	做梦	zuò mèng	ツゥヲモん
ゆるい	松	sōng	ソォん

よ

よい	好	hǎo	ハオ
容易である	容易	róngyì	ろオシィ
用意する	准备	zhǔnbèi	チュンペイ
用具	用具	yòngjù	ヨえチュイ
幼稚園	幼儿园	yòu'éryuán	ヨウアるユアン
洋服	西服	xīfú	シィフウ
ヨーグルト	酸奶	suānnǎi	ソワンナイ
ヨーティアオ	油条	yóutiáo	ヨウティアオ
ヨーピン	油饼	yóubǐng	ヨウぴン

浴室	浴室	yùshī	ユイシ
浴槽	浴缸	yùgāng	ユイカン
横	侧面	cèmiàn	つぉミィエン
横切る	横穿	héngchuān	ホンちョワン
横になる	躺	tǎng	たん
予算	预算	yùsuàn	ユイソワン
予習する	预习	yùxí	ユイシィ
呼ぶ	叫	jiào	チィアオ
予約確認書	订单	dìngdān	ティンタン
予約する	预约	yùyuē	ユイユエ
夜	晚上	wǎnshang	ワンシャん
夜中	夜里	yèli	イエリィ
読む〈声を出して〉	念	niàn	ニィエン
喜ぶ	高兴	gāoxìng	カオシィん
弱い	弱	ruò	るゥヲ

ら

ライオン	狮子	shīzi	シッ
来月	下月	xiàyuè	シィアユエ
来週	下星期	xiàxīngqī	シィアシィんちィ
ライター	打火机	dǎhuǒjī	タァホゥヲチィ
ライチ	荔枝	lìzhī	リィ子
来年	明年	míngnián	ミんニィエン
ラジオ	收音机	shōuyīnjī	ショウイシチィ
ラジオを聞く	听广播	tīng guǎngbō	ティんコワんポヲ

乱視	散光	sǎnguāng	サンコワン

り

陸	陆地	lùdì	ルゥティ
理髪店	理发馆	lǐfàguǎn	リィフアコワン
留学する	留学	liúxué	リィウシュエ
リュウガン	龙眼	lóngyǎn	ロオンイエン
流行する	流行	liúxíng	リィウシィん
両替する	兑换/换钱	duìhuàn/huàn qián	トイホワン/ホワン ちィエン
料金	费用	fèiyòng	フェイ ヨん
領収書(証)	发票	fāpiào	ファぴィアオ
両親	父母	fùmǔ	フウムウ
料理する	烹调/做饭	pēngtiáo/zuò fàn	ぽんてィアオ/ツゥオ ファン
料理を注文する	点菜	diǎn cài	ティエン ツァイ
緑茶	绿茶	lǜchá	リュイちゃア
旅行ガイド	旅游指南	lǚyóu zhǐnán	リュイヨウ ヂナン
旅行する	旅游	lǚyóu	リュイヨウ
離陸する	起飞	qǐfēi	ちィフェイ
リンゴ	苹果	píngguǒ	ぴんクゥオ
リンス	润丝	rùnsī	るゥンス

れ

冷蔵庫	冰箱	bīngxiāng	ぴんシィアン
冷気	冷气	lěngqì	ロンちィ
レインコート	雨衣	yǔyī	ユイイ

歴史	历史	lìshǐ	リィシ
レストラン	餐馆/饭馆	cānguǎn/fànguǎn	ツァンコワン/ファンコワン
レモン	柠檬	níngméng	ニんモん
連絡先	联系地址	liánxì dìzhǐ	リィエンシィ ティチ
連絡する	联系	liánxì	リィエンシィ

ろ

廊下	走廊	zǒuláng	ツォウラん
老眼	老花眼	lǎohuāyǎn	ラオホワイェン
ローソン	罗森	Luósēn	ルゥラセン
労働者	工人	gōngrén	コオれれン
ローヤルゼリー	蜂王浆	fēngwángjiāng	フォんワんチィアン
6	六	liù	リィウ
ロシア	俄国	Éguó	おクゥラ
ロッテリア	乐天利	Lètiānlì	ラティエンリィ
ロンドン	伦敦	Lúndūn	ルんトゥン

わ

ワープロ	文字处理机	wénzìchǔlǐjī	ウェンツちュウリィチィ
ワイシャツ	衬衫	chènshān	ちェンシャン
ワイン	葡萄酒	pútaojiǔ	ぷウたオチィウ
若い	年轻	niánqīng	ニィエンちィえん
分かる	明白/懂	míngbai/dǒng	ミんパイ/トォん
ワゴン車	面包车	miànbāochē	ミィエンパオちョ
ワシントン	华盛顿	Huáshèngdùn	ホワショえんトゥン

忘れ物	失物	shīwù	シウ
私	我	wǒ	ウヲ
私たち	我们	wǒmen	ウヲメン
私たち〈相手を含む〉	咱们	zánmen	ツァンメン
渡す	交	jiāo	チィアオ
笑う	笑	xiào	シィアオ
割り勘	分摊	fēntān	フェンたン
割引料金	优惠价	yōuhuìjià	ヨウホイチィア
わるい	坏	huài	ホワイ
ワンタン	馄饨	húntun	ホントゥン
ワンピース	连衣裙	liányīqún	リィエンイちュイン

を

~を	把~	bǎ~	パア

ジャンル別で見る 慣用表現

あいさつ

おはようございます。	你 早! Nǐ zǎo! 早上 好! Zǎoshang hǎo!
こんにちは。	你 好! Nǐ hǎo!
こんばんは。	晚上 好! Wǎnshang hǎo!
おやすみなさい。	晚安! Wǎn'ān!
ようこそ。	欢迎, 欢迎! Huānyíng, huānyíng!
はじめまして、 どうぞよろしく。	初次 见面, Chūcì jiànmiàn, 请 多多 关照。 qǐng duōduō guānzhào.
お久しぶりですね。	好 久 不 见 了。 Hǎo jiǔ bú jiàn le.
お元気ですか。	你 身体 好 吗? Nǐ shēntǐ hǎo ma?
はい、元気です。 あなたは?	很 好, 你 呢? Hěn hǎo, nǐ ne?

食事は済みましたか。	吃 饭 了 吗？ Chī fàn le ma?
どちらへお出かけですか。	你 去 哪儿？ Nǐ qù nǎr? 上 哪儿 去？ Shàng nǎr qù?
おめでとうございます。	恭喜, 恭喜！ Gōngxǐ, gōngxǐ! 祝贺 你！ Zhùhè nǐ!
よいお天気ですね。	今天 天气 真 好 啊！ Jīntiān tiānqì zhēn hǎo a!
最近どうですか。	最近 怎么样？ Zuìjìn zěnmeyàng?
相変わらずです。	还是 老 样子。 Háishi lǎo yàngzi.
また会いましょう。	以后 再见。 Yǐhòu zàijiàn.
皆様によろしく。	代 我 向 大家 问好。 Dài wǒ xiàng dàjiā wènhǎo.
どうぞ、楽しい旅を。	祝 你 旅途 愉快！ Zhù nǐ lǚtú yúkuài!

どうぞ、お元気で。	<ruby>请<rt>ちぃン</rt></ruby> <ruby>多<rt>トゥヲ</rt></ruby> <ruby>保重<rt>パオチョオえン</rt></ruby>。 Qǐng duō bǎozhòng.
さようなら。	<ruby>再见<rt>ツァイチィエン</rt></ruby>！ Zàijiàn!

返事

はい。	是。 Shì. / 是的。 Shìde.
いいえ。	不。 Bù. / 不是。 Búshì.
あります。	有。 Yǒu.
ありません。	没有。 Méiyǒu.
います。	在。 Zài. / 有人。 Yǒurén.
いません。	不在。 Bú zài. / 无人。 Wúrén.
いります。	要。 Yào. / 需要。 Xūyào.

いりません。	不 要。 Bú yào. 不 需要。 Bù Xūyào.
わかりました。	知道 了。 Zhīdao le. 明白 了。 Míngbai le.
わかりません。	不 知道。 Bù zhīdao. 不 明白。 Bù míngbai.
結構(よろしい)です。	行。 Xíng.
ダメです。 いやです。	不行。 Bùxíng.
そうです。 そのとおりです。	对。 Duì. 没 错儿。 Méi cuòr.
違います。	不 对。 Bù duì.

決まりました。	决定了。 Juédìng le. 已经定了。 Yǐjīng dìng le.
はい、いいですよ。	好，可以。 Hǎo, kěyǐ.
もちろんいいですよ。	当然可以。 Dāngrán kěyǐ.
おっしゃるとおりです。	你说得对。 Nǐ shuō de duì.
いい考えですね。	好主意！ Hǎo zhǔyi!
私もそう思います。	我也这样想。 Wǒ yě zhèyàng xiǎng.
賛成です。そうしましょう。	我赞成，就这么办吧。 Wǒ zànchéng, jiù zhème bàn ba.
反対です。	不赞成。 Bù zànchéng.
なるほど。	可不是。 Kěbushì.
もちろんいいですよ。	当然可以。 Dāngrán kěyǐ.

呼びかけ

すみません。	劳驾! Láojià!
〈ウエイターに対して〉	服务员! Fúwùyuán!
〈ウエイトレスに対して〉	小姐! Xiǎojie!
ちょっとお尋ねします。	请问! Qǐngwèn!
ちょっと教えて下さい。	请 告诉 我 一 下。 Qǐng gàosu wǒ yí xià.
どうぞお先に。	您 先 请。 Nín xiān qǐng.
ご迷惑をおかけしますが。	麻烦 你。 Máfan nǐ.
もしもし。	喂! Wèi!
はい、何かご用ですか。	有 什么 事 吗? Yǒu shénme shì ma?

尋ねる

これは何ですか。	这是什么? Zhè shì shénme?
彼は誰ですか。	他是谁? Tā shì shuí?
どこに住んでいますか。	你住在哪儿? Nǐ zhùzài nǎr?
どこから来たのですか。	你从哪儿来的? Nǐ cóng nǎr lái de?
何を勉強しているのですか。	你在学什么? Nǐ zài xué shénme?
年はいくつですか。	
〈子供に対して〉	你几岁? Nǐ jǐ suì?
〈青年に対して〉	多大了? Duō dà le?
〈熟年に対して〉	多大岁数? Duō dà suìshu?
〈老年に対して〉	多大年纪? Duō dà niánjì?
いつ行きますか。	什么时候去? Shénme shíhou qù?
今、何時ですか。	现在几点? Xiànzài jǐ diǎn?

何時からですか。	从几点开始? Cóng jǐ diǎn kāishǐ?
何時までですか。	到几点结束? Dào jǐ diǎn jiéshù?
いくらですか。	多少钱? Duōshao qián?
このクレジットカードは使えますか。	这张信用卡能用吗? Zhè zhāng xìnyòngkǎ néng yòng ma?
どうすればいいですか。	怎么办呢? Zěnme bàn ne?
どういう意味ですか。	什么意思? Shénme yìsi?
なぜですか。	为什么? Wèishénme?
何をしているのですか。	你在干什么? Nǐ zài gàn shénme?
どのように行けばいいですか。	怎么走呢? Zěnme zǒu ne?
どのくらい時間がかかりますか。	要多长时间? Yào duō cháng shíjiān?
何人乗れますか。	能坐多少人? Néng zuò duōshao rén?

どのように書くのですか。	怎么 写 呢? Zěnme xiě ne?
高さはどのくらいですか。	有 多 高? Yǒu duō gāo?
長さはどのくらいですか。	有 多 长? Yǒu duō cháng?
トイレはどこですか。	厕所 在 哪儿? Cèsuǒ zài nǎr?
距離はどれくらいですか。	距离 有 多 远? Jùlí yǒu duō yuǎn?
どうしたのですか。	怎么 了? Zěnme le?
最近どうですか。	最近 怎么样? Zuìjìn zěnmeyàng?

紹介

私は~です。	我 叫 ~。 Wǒ jiào ~.
日本から来ました。	我 是 从 日本 来 的。 Wǒ shì cóng Rìběn lái de.
はじめまして、 どうぞよろしく。	初次 见面, Chūcì jiànmiàn, 请 多 关照。 qǐng duō guānzhào.
知り合いになれて〔お目に かかれて〕うれしいです。	认识 你 〔见到 你〕, Rènshi nǐ 〔Jiàndào nǐ〕, 我 很 高兴。 wǒ hěn gāoxìng.
私のほうこそ。	我 也 很 高兴。 Wǒ yě hěn gāoxìng.
こちらは~さんです。	这 位 是 ~ 先生 Zhè wèi shì ~ xiānsheng 〔女士・小姐〕。 〔nǚshì・xiǎojie〕.
お名前は?	你 叫 什么 名字? Nǐ jiào shénme míngzi?
ご職業は?	做 什么 工作? Zuò shénme gōngzuò?

約束

夕方5時に～で会いましょう。	傍晚 五 点 在 ～ 碰头 吧。 Bāngwǎn wǔ diǎn zài ～ pèngtóu ba.
5時にならきっと間に合うでしょう。	五 点 的话, 肯定 来得及。 Wǔ diǎn dehuà, kěndìng láidejí.
私が行くまで待っていて下さい。	请 等到 我 来。 Qǐng děngdào wǒ lái.
ホテルのロビーで待っていて下さい。	请 在 宾馆 大厅 等 我。 Qǐng zài bīnguǎn dàtīng děng wǒ.
12時にお待ちしています。	十二 点钟 我 等 你。 Shí'èr diǎnzhōng wǒ děng nǐ.
大学の正門でお待ちしています。	我 在 大学 的 正门 等 你。 Wǒ zài dàxué de zhèngmén děng nǐ.
遅れないで下さい。	不要 迟到。 Búyào chídào.
少し遅くなるかも知れません。	也许 会 晚 点。 Yěxǔ huì wǎn diǎn.

明日必ず~を持ってきて下さい。	ミんティエン イティん ヤオ タイ 明天　一定　要　带　~。 Míngtiān yídìng yào dài ~.
期限は明日までですよ。	ミんティエン チィウヤオ タオ ちィ ラ 明天　就要　到　期　了。 Míngtiān jiùyào dào qī le.
忘れないで下さいね。	ちぃん プゥヤオ ワん ラ 请　不要　忘　了。 Qǐng búyào wàng le. ピィエ ワん ラ 别　忘　了。 Bié wàng le.
約束ですよ。	イ イエン ウェイ ティん 一　言　为　定。 Yì yán wéi dìng. プゥ ノん シュエ ア 不　能　失约　啊！ Bù néng shīyuē a!
このことは内緒ですよ。	チョ チィエン シ ヤオ パオミィ ア 这　件　事　要　保密　啊！ Zhè jiàn shì yào bǎomì a!

— 215 —

訪問

どちらさまですか。	谁 啊? Shuí a?
お招きありがとうございます。	谢谢 你 的 邀请。 Xièxie nǐ de yāoqǐng.
ようこそいらっしゃいました。	欢迎, 欢迎。 Huānyíng, huānyíng.
どうぞ、お入り下さい。	请 进。 Qǐng jìn.
どうぞ、お座り下さい。	请 坐。 Qǐng zuò.
どうぞ、召し上がって下さい。	请 吃。 Qǐng chī.
お茶をどうぞ。	请 喝 茶。 Qǐng hē chá.
どうぞ、おかまいなく。	您 别 张罗。 Nín bié zhāngluo. 请 不要 忙。 Qǐng búyào máng.
遠慮なさらずに。	别 客气。 Bié kèqi.
もう一杯どうぞ。	请 再 来 一 杯。 Qǐng zài lái yì bēi.

いただきます。	ウヲ ち ファン ラ 我 吃 饭 了。 Wǒ chī fàn le.
ごちそうさまでした。	ウヲ ちバオ ラ 我 吃饱 了。 Wǒ chībǎo le.
そろそろ失礼します。	ウヲ カイ ツォウ ラ 我 该 走 了。 Wǒ gāi zǒu le.
おじゃましました。	ダーチィアオ ラ 打撹 了。 Dǎjiǎo le. ダーラオ ラ 打扰 了。 Dǎrǎo le.
お気をつけて。	マンツォウ 慢走。 Mànzǒu. ルウシャん シィアオシィン 路上 小心。 Lùshang xiǎoxin.
またいらして下さい。	ちぃん ツァイ ライ ワァる 请 再 来 玩儿。 Qǐng zài lái wánr.
今日は本当に ありがとうございました。	チィンティエン シィエシィエ ニィ ダ 今天 谢谢 你 的 Jīntiān xièxie nǐ de コワンタイ 款待。 kuǎndài.

— 217 —

会話の途中で〜

えっ、何？	啊，什么？ Ā, shénme?
ああ、そう言えば、	哦，对了， O, duì le,
ええと、	嗯，这个〜 Ng, zhège 〜
ほんとう？	真的？ zhēn de?
ちょっと待って！	等等。 Děngdeng.
冗談でしょ？	你在开玩笑吧？ Nǐ zài kāi wánxiào ba?
冗談ですよ。	开个玩笑嘛。 Kāi ge wánxiào ma.
それから〜	然后〜 Ránhòu 〜 还有〜 Hái yǒu 〜
ねぇ、ほら。	你看！ Nǐ kàn!
しまった、大変だ。	糟糕！ Zāogāo!

まさか、そんなこと。	ブゥ ホイ バァ 不 会 吧。 Bú huì ba.
そうだ、そうだ！	チィウシ チィウシ 就是, 就是。 Jiùshì, jiùshì. シダ シダ 是的, 是的。 Shìde, shìde.
しかし、	コシ 可是, Kěshì, タンシ 但是, Dànshì,
実は、	ラオシ シュヲ 老实 说, Lǎoshí shuō,
たとえば、	ビィるゥ シュヲ 比如 说, Bǐrú shuō,
ですから、（だから、）	スゥライ 所以 ～ Suǒyǐ ～
つまり、	チィウシ 就是, Jiùshì, ツゥオンヂ 总之, Zǒngzhī,
とにかく、	ウロえ るゥホ 无论 如何, Wúlùn rúhé, ツゥオンヂ 总之, Zǒngzhī,

まず〜	首先 〜 Shǒuxiān 〜
せめて〜	至少 〜 Zhìshǎo 〜
もちろん〜	当然 〜 Dāngrán 〜
結局は〜	结果 〜 Jiéguǒ 〜
そのうえ〜	再 加上 〜 Zài jiāshàng 〜
あいにく〜	不 凑巧 〜 Bù còuqiǎo 〜 偏巧 〜 Piānqiǎo 〜
もし〜	如果 〜 Rúguǒ 〜 要是 〜 Yàoshì 〜
お先にどうぞ。	请 先 用。 Qǐng xiān yòng. 请, 请! Qǐng, qǐng!

もう少しゆっくり話して下さい。	ちぃん ニィ マン ティアる シュヲ 请 你 慢 点儿 说。 Qǐng nǐ màn diǎnr shuō.
もう一度言って下さい。	ちぃん ツァイ シュヲ イ ピィエン 请 再 说 一 遍。 Qǐng zài shuō yí biàn.
ちょっと書いて下さい。	ちぃん シィエ イ シィア バァ 请 写 一 下 吧。 Qǐng xiě yí xià ba.
もう少し大きな〔小さな〕声で話して下さい。	ちぃん ダア シィアオ ショる シュヲ 请 大 〔小〕 声儿 说。 Qǐng dà 〔xiǎo〕 shēngr shuō.
意味がわかりません。	てぃんプウトォん 听不懂。 Tīngbudǒng. かンプウトォん 看不懂。 Kànbudǒng.

お礼

ありがとうございます。	谢谢! Xièxie!
どういたしまして。 いいんですよ。	不客气! Bú kèqi! 不用谢! Búyòng xiè!
お出迎え ありがとうございます。	谢谢您来接我。 Xièxie nín lái jiē wǒ.
お見送り ありがとうございます。	谢谢您来送我。 Xièxie nín lái sòng wǒ.
お疲れ様でした。 ご苦労様でした。	辛苦了。 Xīnkǔ le.
ご心配おかけしました。	让您受惊。 Ràng nín shòujīng.
いろいろお世話になりました。	谢谢您的帮助。 Xièxie nín de bāngzhù.
感謝の気持ちでいっぱいです。	真是感激不尽。 Zhēnshi gǎnjī bújìn.

謝罪

すみません。	对不起。 Duìbuqǐ.
お待たせしました。	让您久等了。 Ràng nín jiǔ děng le.
遅れてすみません。	很对不起，我来晚了。 Hěn duìbuqǐ, wǒ láiwǎn le.
どうかお許しください。	请原谅。 Qǐng yuánliàng.
申し訳ありませんが、	实在抱歉， Shízài bàoqiàn,
これからは気をつけます。	以后一定注意。 Yǐhòu yídìng zhùyì.
気にしないで下さい。 かまいませんよ。	没关系。 Méi guānxi. 没什么。 Méi shénme. 没事儿。 Méi shìr.

勧誘

食事しませんか。	咱们 去 吃 点儿 饭 吧。 Zánmen qù chī diǎnr fàn ba.
お茶でも飲みませんか。	去 喝 点儿 茶 吧。 Qù hē diǎnr chá ba.
一緒に行きませんか。	一起 去 好 吗? Yìqǐ qù hǎo ma?
さあ、行きましょう。	走 吧。 Zǒu ba.
ひと休みしましょう。	休息 一会儿 吧。 Xiūxi yíhuìr ba.
踊りましょう。	一起 跳 吧。 Yìqǐ tiào ba. 跳舞 吧。 Tiàowǔ ba.
帰りましょう。	该 回去 了。 Gāi huíqu le. 回去 吧。 Huíqu ba.
歌いましょう。	唱 歌 吧。 Chàng gē ba.

断わる

いいえ、いりません。	我 不 要。 Wǒ bú yào.
知りません。	不 知道。 Bù zhīdao.
いやです。	我 不 愿意。 Wǒ bú yuànyi.
やめて下さい。	别 这样！ Bié zhèyàng!
興味ありません。	我 不 感 兴趣。 Wǒ bù gǎn xìngqù.
中国語はわかりません。	我 不 懂 汉语。 Wǒ bù dǒng Hànyǔ.
あなたの言っている 意味が分かりません。	我 听不懂 你 说 的 意思。 Wǒ tīngbudǒng nǐ shuō de yìsi.

許可を求める

ここに座ってもいいですか。	可以 坐在 这儿 吗？ Kěyǐ zuòzài zhèr ma?
これをもらっても（いただいても）いいですか。	这个 可以 给 我 吗？ Zhège kěyǐ gěi wǒ ma?
写真を撮ってもいいですか。	这儿 可以 拍照 吗？ Zhèr kěyǐ pāizhào ma?
たばこを吸ってもいいですか。	可以 吸 烟 吗？ Kěyǐ xī yān ma?
入ってもいいですか。	可以 进去 吗？ Kěyǐ jìnqu ma?
窓を開けても〔閉めても〕いいですか。	可以 开 窗 〔关 窗〕 吗？ Kěyǐ kāi chuāng 〔guān chuāng〕 ma?
これを借りてもいいですか。	可以 借用 一 下 吗？ Kěyǐ jièyòng yí xià ma?
音楽を聴いてもいいですか。	可以 听 音乐 吗？ Kěyǐ tīng yīnyuè ma?
テレビを見てもいいですか。	可以 看 电视 吗？ Kěyǐ kàn diànshì ma?

依頼

写真を撮って下さい。	帮我照张相,好吗? Bāng wǒ zhào zhāng xiàng, hǎo ma?
用事を頼みたいのですが。	我想拜托一件事。 Wǒ xiǎng bàituō yí jiàn shì.
ちょっと書いて下さい。	请写一下吧。 Qǐng xiě yí xià ba.
ちょっと待って下さい。	请等一下。 Qǐng děng yí xià.
もう一度言って下さい。	请再说一遍。 Qǐng zài shuō yí biàn.
もっと安くして下さい。	再便宜点儿吧。 Zài piányi diǎnr ba.
一緒に来て下さい。	请一起来。 Qǐng yìqǐ lái.
案内して下さい。	请给我带路。 Qǐng gěi wǒ dài lù.
もう少しゆっくり話して下さい。	请你慢点儿说。 Qǐng nǐ màn diǎnr shuō.
持ってきて下さい。	请拿来。 Qǐng nálai.

選んで下さい。	请 挑选。 Qǐng tiāoxuǎn.
教えて下さい。	请 指教。 Qǐng zhǐjiào.
返して下さい。	请 还给 我。 Qǐng huángěi wǒ.
呼んできて下さい。	请 招呼 一 下。 Qǐng zhāohu yí xià.
確認して下さい。	请 确认 一 下。 Qǐng quèrèn yí xià.
貸して下さい。	请 借给 我。 Qǐng jiègěi wǒ.
探して下さい。	请 找 一 下。 Qǐng zhǎo yí xià.

要求

地図はありますか。	有没有 地图？ ヨウメイヨウ テイとう Yǒuméiyǒu dìtú?
お茶をください。	请 给 我 一 杯 茶。 ちぃん ケイ ウヲ イ ペイ ちゃ Qǐng gěi wǒ yì bēi chá.
もう一杯ください。	再 来 一 杯。 ツァイ ライ イ ペイ Zài lái yì bēi.
領収書をください。	请 给 我 开 张 发票。 ちぃん ケイ ウヲ かイ チャえ フテぴィアオ Qǐng gěi wǒ kāi zhāng fāpiào.

感情

楽しかった。	真 开心! Zhēn kāixīn! 真 快乐! Zhēn kuàilè!
おいしい。	好吃! Hǎochī!
おいしかった。	太 好吃 了! Tài hǎochī le!
好きだ。	喜欢。 Xǐhuan.
おもしろい。	真 有意思。 Zhēn yǒuyìsi.
珍しいものですね。	真 少见。 Zhēn shǎojiàn.
これは初めてです。	这 是 第一 次。 Zhè shì dì-yī cì.
うれしい!	真 高兴! Zhēn gāoxìng!
幸せ!	真 幸福! Zhēn xìngfú!

すごい！	太棒了！ Tài bàng le! 真棒啊！ Zhēn bàng a!
すばらしい！	太好了！ Tài hǎo le!
驚いた！	太吃惊了！ Tài chījīng le!
すてき！	真不错！ Zhēn búcuò! 真美！ Zhēn měi!
信じられない！	真不敢相信！ Zhēn bù gǎn xiāngxìn! 简直难以相信！ Jiǎnzhí nányǐ xiāngxìn!
きれい！	真漂亮！ Zhēn piàoliang!
美しい！	真美啊！ Zhēn měi a!
いいお天気ですね。	天气真好啊！ Tiānqì zhēn hǎo a! 真是个好天气！ Zhēnshi ge hǎo tiānqì!

暖かいですね。	好 暖和 呀! Hǎo nuǎnhuo ya!
気持ちいい!	真 舒服! Zhēn shūfu!
すっきりした。	真 痛快! Zhēn tòngkuai!
感動した。	真 令人 感动! Zhēn lìng rén gǎndòng!
わくわくする。	真 令人 兴奋! Zhēn lìng rén xīngfèn!
待ちどおしいですね。	真 等死 人 了! Zhēn děngsǐ rén le!
いい香ですね。	好 香 呀! Hǎo xiāng ya!
もうおなかがいっぱいです。	已经 吃饱 了。 Yǐjīng chībǎo le.
満足です。	我 很 满意。 Wǒ hěn mǎnyì.
疲れた。	累死 我 了。 Lèisǐ wǒ le.
おなかがすいた。	肚子 饿 了。 Dùzi è le.

— 232 —

のどがかわいた。	口 渴 了。 Kǒu kě le.
暑い〔寒い〕!	好 热〔冷〕啊! Hǎo rè〔lěng〕a!
退屈です。	真 无聊! Zhēn wúliáo!
気分が悪い。	我 不 舒服。 Wǒ bù shūfu.
頭にきた!	气死 我 了。 Qìsǐ wǒ le.
まずい。	难 吃。 Nán chī. 不 好吃。 Bù hǎochī.
苦しい。	真 难过。 Zhēn nánguò.
きたない。	真 脏 啊! Zhēn zāng a!
失敗した。	失败 了。 Shībài le.
悔やしい。	好 后悔 啊! Hǎo hòuhuǐ a!

うるさい！	太 吵 了！ Tài chǎo le! 罗唆！ Luōsuo!
悲しい。	太 伤心 了！ Tài shāngxīn le!
寂しい。	太 寂寞 了！ Tài jìmò le!
残念です。	非常 遗憾。 Fēicháng yíhàn.
惜しい！	太 可惜 了！ Tài kěxī le!
はずかしい。	实在 难为情。 Shízài nánwéiqíng. 实在 不 好 意思。 Shízài bù hǎo yìsi.
難しい。	太 难 了！ Tài nán le!
嫌いだ。	不 喜欢。 Bù xǐhuan.
緊張する。	太 紧张 了！ Tài jǐnzhāng le!
頭〔おなか〕が痛い。	头〔肚子〕疼。 Tóu〔dùzi〕téng.

— 234 —

お気の毒に。 かわいそうに。	太 可怜 了！ Tài kělián le!
もう、いやです。	烦死 了。 Fánsǐ le. 够 了，够 了。 Gòu le, gòu le.

褒める

お上手ですね。	真 不错! Zhēn búcuò!
お似合いですね。	真 合适! Zhēn héshì!
とてもきれいです。	真 漂亮! Zhēn piàoliang!
とてもおいしかったですよ。	真 好吃! Zhēn hǎochī!
ものしりですね。	你 知识面 很 广。 Nǐ zhīshimiàn hěn guǎng.
日本語がお上手ですね。	你 的 日语 说 得 很 不错 啊! Nǐ de Rìyǔ shuō de hěn búcuò a!
あなたと話していると楽しい。	跟 你 谈话 很 有意思。 Gēn nǐ tánhuà hěn yǒuyìsi.
ほめすぎですよ。	过奖, 过奖 Guòjiǎng, guòjiǎng.
どういたしまして。	哪里, 哪里。 Nǎli, nǎli.
ありがとう。	谢谢。 Xièxie.

そんなことありませんよ。	没那回事。 メイ ナテ ホイ シ Méi nà huí shì.
まだまだですよ。	还差得远呢。 ハイ ちゃ ダ ユアン ナ Hái chà de yuǎn ne.

励ます

頑張って！	加油！ Jiāyóu!
大丈夫ですよ。	没关系。 Méi guānxi. 不要紧。 Bú yàojǐn.
きっとうまくいくよ。	没问题。 Méi wèntí.
元気だして！	打起精神来！ Dǎqǐ jīngshen lai!
落ちついて！	别着急！ Bié zháojí! 冷静点儿！ Lěngjìng diǎnr!
泣かないで。	别哭了。 Bié kū le.
気にしないで。	别在乎。 Bié zàihu.

困ったとき

ちょっと手を貸して下さい。 手伝って下さい。	请帮个忙。 Qǐng bāng ge máng.
道に迷ってしまいました。	我迷路了。 Wǒ mí lù le.
鍵を失くしてしまいました。	我的钥匙丢了。 Wǒ de yàoshi diū le.
忘れてしまいました。	忘记了。 Wàngjì le.
間違えてしまいました。	搞错了。 Gǎocuò le.
気分が悪いのです。	我不舒服。 Wǒ bù shūfu.
日本語のできる方はいらっしゃいますか。	有哪位会日语? Yǒu nǎ wèi huì Rìyǔ?
聞こえません。	听不见。 Tīngbujiàn.
見えません。	看不见。 Kànbujiàn.
言っていることが分かりません。	听不懂你说的话。 Tīngbudǒng nǐ shuō de huà.
急いで下さい。	快一点儿。 Kuài yìdiǎnr.

苦情

値段が高すぎる。	太 贵 了! Tài guì le!
頼んだものが来ません。	点〔要〕的 东西 还 没 上 呢。 Diǎn〔yào〕 de dōngxi hái méi shàng ne.
おつりが足りません。	找 的 钱 不 够。 Zhǎo de qián bú gòu.
話が違う。	跟 你 说 的 不 一样。 Gēn nǐ shuō de bù yíyàng.
遅い!	太 晚 了! Tài wǎn le!
やめてください。	别 这样! Bié zhèyàng!
静かにして下さい。	请 安静 点儿! Qǐng ānjìng diǎnr!

助けを求める

助けて！	救命 啊！ Jiùmìng a!
誰か来て下さい。	来 人 啊！ Lái rén a!
火事だ！	失火 了！ Shīhuǒ le!
危ない！	危险！ Wēixiǎn!
泥棒だ！	抓 小偷！ Zhuā xiǎotōu!
けがをしました。	受伤 了。 Shòushāng le.
おまわりさん！	警察！ Jǐngchá!
警察〔医者〕を呼んで下さい。	快 叫 警察〔医生〕来！ Kuài jiào jǐngchá〔yīshēng〕lái!
救急車を呼んで下さい。	快 叫 救护车！ Kuài jiào Jiùhùchē!

中国語(の発音)について

中国語(の発音)について

❖中国語の正式名は漢語 '汉语'

　人口約13億の中国は、56の民族からなる多民族国家であるが、その総人口の約93%を漢民族が占めている。従って、中国語のことを正式には漢語'汉语'と呼んでいる。また、中国語のことを'中文'とか'中国话'とも言う。現在、中国語は世界の言語の中で、母語としての使用人口が最も多い言語の一つで、英語・フランス語・スペイン語・アラビア語と共に国連の公用語を形成している。

❖中国語の標準語は共通語 '普通话'

　中国は国土が広大で人口が多数であるために、いろいろな方言が存在する。これらの方言は、まるでお互い外国語であるかのように発音や語彙の面で、大きな違いがある。それらの方言は一般に七つの方言群に大別している。即ち、

北方方言	北京語がその代表で、中国の北部・中部・西部で広く使われている。
呉方言	上海語・蘇州語など、浙江省・江蘇省で使われている。
湘(しょう)方言	長沙語など、湖南省の大部分で使われている。
贛(かん)方言	南昌語など、江西省の大部分で使われている。
閩(びん)方言	福建語・アモイ語など、福建省・台湾省で使われている。
客家(はっか)方言	客家人を中心に、広東省・広西チワン族自治区で使われている。
粤(えつ)方言	広東語など、広東省・広西チワン族自治区で使われている。

である。

中国人同士でも異なる方言で話した場合には、ほとんど通じない。そこで中国人みんなが通じ合える標準語を制定し、それを中国全土に普及していく必要が生じる。この標準語にあたるものが、共通語'普通话'と言われるものである。共通語'普通话'とは、発音は北方あたりのもの(北京語が中心)、語彙は北方方言、文法は現代口語体で書かれた代表的著作の文法体系をそれぞれ根拠として形成している。皆さんが学ぶ中国語もこの共通語'普通话'である。

中国方言区分図

凡例:
- 北方方言
- 呉方言
- 湘方言
- 贛方言
- 閩方言
- 客家方言
- 粵方言

❦文字は簡体字 '简体字'

中国の漢字の総数は5万以上、字画数が多くて覚えにくい漢字も少なくない。このことも相俟って識字率が極めて低い時代が続いた。そこで、近年中国では言語政策上、文字面では簡体字'简体字'の普及を推進してきた。これが現在中国で使用されている正書法の文字である。簡体字'简体字'とは、漢字の画数をある程度減少させて書写したものである。もちろん、全ての漢字が簡略化されたわけではない。このほか、台湾などで使用されている画数の多い繁体字'繁体字'の漢字も存在する。また、日本で通用している簡略字とは、似て非なる簡体字'简体字'も多く存在するので注意を要する。

簡体字	繁体字	日本漢字
中	中	中
国	國	国
写	寫	写
乐	樂	楽
对	對	対

❦発音記号はピンイン '拼音字母'

中国語は表意文字であるために、日本語のふりがなのように、漢字の音をより正確に表記する手立てがない。そこで漢字の表音化について、長期にわたり討論された結果、1950年代末になって中国式ローマ字の発音記号であるピンイン'拼音字母'を制定するに至った。ピンインとは、アルファベットの26字（共通語ではVは使わない）をそのまま使用するか、組み合わせて用いることによって漢字の音を表し、その上部に声調符号を付してその読み方を表記するものである。

中国語の発音をより正確にマスターするためには、このピンインを習得することが肝要となる。辞書類も一般にこのピンインのA・B・Cの順序で配列されている。

❧中国語の発音は正確な音プラス声調

中国語の発音は、音が正確であると同時に、トーン(声調)も正確に区別して用いなければならない。'マァ'と第一声で発音すると"お母さん"、'マァ'と第二声で発音すると植物の"麻"、'マァ'と第三声で発音すると"馬"、'マァ'と第四声で発音すると"ののしる"という意味に区別される。このほか、前の音に軽くそえて発音する軽声があり、'マァ'と軽声で発音すると"疑問の意味"をそれぞれ表す。

❧声調(四声)について

音:マァ(ma)

第一声	高く平らにのばす調子。電話の"リーン"というイメージで。声調符号は「-」。	mā 妈 (お母さん)
第二声	急激に上昇する調子。驚いた時の"ああ"というイメージで。声調符号は「ˊ」。	má 麻 (麻、しびれる)
第三声	低くおさえてから音尾を軽く上げる調子。声調符号は「ˇ」。	mǎ 马 (馬)
第四声	急激に下降させる調子。カラスが鳴く"カァー"というイメージで。声調符号は「ˋ」。	mà 骂 (ののしる)
軽 声	前の音に軽くそえて発音する。軽声固有の調子はない。声調符号を付さないことで表示する。	ma 吗 (疑問を表す)

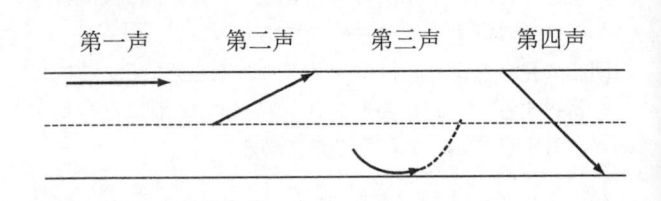

```
   第一声        第二声        第三声        第四声
```

✤母音について
1. 単母音・捲舌母音

a 　日本語の"ア"よりも大きな口をあけ、息を十分に出して'ア'と発音。

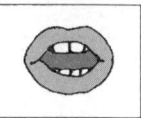

o 　日本語の"オ"よりも口をまるくすぼめて'オ'と発音。

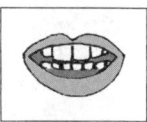

e 　日本語の"エ"の口の構えで喉の奥のほうから'お'と発音。

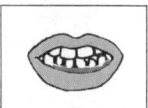

i
[**yi**] 　日本語の"イ"よりも口を左右に引いて'イ'と発音。

u
[**wu**] 　日本語の"ウ"よりも口をまるくとがらせて'ウ'と発音。

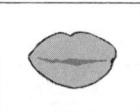

ü
[**yu**] 　横笛を吹く構えで唇をすぼめて'ュイ'と発音。

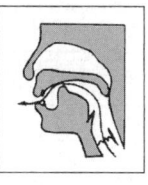

er 　口を半びらきにしてあいまいな'あ'を発音しながら、舌先をまるめて'アる'と発音。

※ [ ] 内は前に子音が付かない、母音だけの場合の表記。以下同じ。

2．複母音

①前アクセント型（前の母音を中心に発音）

ai	'ア'に軽く'イ'をそえて'アイ'と発音。
ei	'エ'に軽く'イ'をそえて'エイ'と発音。
ao	'ア'に'オ'をなめらかに続けて'アオ'と発音。
ou	'オ'に'ウ'をなめらかに続けて'オウ'と発音。

②後アクセント型（後の母音を中心に発音）

ia [ya]	'イ'の構えから'ア'へなめらかに繋ぎ'ヤァ'と発音。
ie [ye]	'イ'の構えから'エ'へなめらかに繋ぎ'イエ'と発音。
ua [wa]	'ウ'の構えから'ア'へなめらかに繋ぎ'ワァ'と発音。
uo [wo]	'ウ'の構えから'ヲ'へなめらかに繋ぎ'ウヲ'と発音。
üe [yue]	唇をすぼめて'ユエ'と発音。

③中アクセント型（真中の母音を中心に発音）

iao [yao]	'イ'の構えから'ヤオ'と発音。
iou [you]	'イ'の構えから'ヨウ'と発音。
uai [wai]	'ウ'の構えから'ワイ'と発音。
uei [wei]	'ウ'の構えから'ウェイ'と発音。

3. 鼻子音(n・ng)つき母音

鼻子音つき母音は、音尾に 'n' と 'ng' とが付く二つのグループに分けられる。前者は "アンナイ" の "ン" の要領で、舌先を上の歯ぐきにぴったりつけたまま発音し、後者は "アンガイ" の "ン" の要領で、舌先はどこにもつけず、舌の付け根を持ち上げて、息を鼻から抜くように発音する。

an	'ア' に 'ン' を続けて 'アン' と発音。
en	'エ' に 'ン' を続けて 'エン' と発音。
ang	'ア' に 'ん' を続けて 'アん' と発音。
eng	'お' に 'ん' を続けて 'おん' と発音。
ong	'オ' に 'ん' を続けて 'オん' と発音。
ian [yan]	'イ' に 'エン' を続けて 'イエン' と発音。'イアン' ではないことに注意。
in [yin]	'イ' に 'ン' を続けて 'イン' と発音。
iang [yang]	'イ' に 'アん' を続けて 'ヤァん' と発音。
ing [ying]	'イ' に 'ん' を続けて 'イん' と発音。
iong [yong]	'イ' に 'オん' を続けて 'ヨん' と発音。
uan [wan]	'ウ' に 'アン' を続けて 'ワン' と発音。
uen [wen]	'ウ' に 'エン' を続けて 'ウェン' と発音。
uang [wang]	'ウ' に 'アん' を続けて 'ワん' と発音。
ueng [weng]	'ウ' に 'おん' を続けて 'ウぉん' と発音。
üan [yuan]	'ユ' に 'アン' を続けて 'ユアン' と発音。
ün [yun]	'ユィン' と発音。

-n
[n]

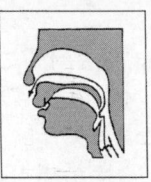

「アンナイ」の「ン」のように、舌先を上の歯ぐきにぴったりつけたまま息を鼻に通して発音する。

-ng
[ŋ]

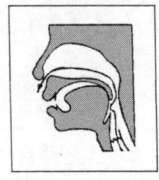

「アンガイ」の「ン」のように、舌先はどこにもつけず、舌のつけ根をもち上げて、息を鼻から強く抜くように発音する。

♣子音について

1. 唇音

b (o)	無気音。両唇を軽く閉じ、息が口からあまり出ないように'ポオ'と発音。
p (o)	有気音。b(o)と同じ要領の発音だが、口いっぱいに息をたくわえ、息を強く出しながら'ぽオ'と発音。
m (o)	鼻音。口をすぼめて息を鼻から軽く抜きながら'モオ'と発音。
f (o)	摩擦音。上の歯を下唇に軽くつけてその間から息を出しながら'フオ'と発音。

※ ( )内の母音は各子音を練習するための代表的な母音。以下同じ。

2．舌尖音

d(e)	無気音。舌先を上歯の裏につけ、急に離して息が口からあまり出ないように'タ'と発音。
t(e)	d(e)の有気音。舌先を上歯の裏につけ、一気に破裂させるように強く'た'と発音。
n(e)	鼻音。舌先を上歯の裏につけ、急に離して'ナ'と発音。息が鼻に抜けるようにする。
l(e)	側面音。舌先を上歯の裏につけ、急に離して'ラ'と発音。息が舌の両側から流れ出るようにする。

3．舌根音

g(e)	無気音。舌の後部を軟口蓋に押しつけ、急に離して'コ'と発音。
k(e)	g(e)の有気音。g(e)と同じ要領の発音だが、口いっぱいに息をたくわえ、息を強く出しながら'こ'と発音。
h(e)	摩擦音。のどを塞がないで息で摩擦させ、'ホ'と発音。

4．舌面音

j(i)	無気音。舌面の前部を硬口蓋につけ、息を押さえて'チィ'と発音。
q(i)	j(i)の有気音。j(i)と同じ要領だが、口いっぱいに息をたくわえ、息を強く出しながら'ちィ'と発音。
x(i)	摩擦音。j(i)と同じ口格好で'シィ'と強く発音。

5. 捲舌音

zh (i)	無気音。舌先をそらせ硬口蓋にあて、息を押さえて'チ'と発音。
ch (i)	zh(i)の有気音。zh(i)と同じ要領の発音だが、口いっぱいに息をたくわえ、息を強く出しながら'ち'と発音。
sh (i)	zh(i)と同じ要領で、舌先をそらせて'シ'と発音。
r (i)	zh(i)と同じ要領で、舌先をそらせ声帯をふるわせながら'り'と発音。

zh [tʂ]
ch [tʂ']

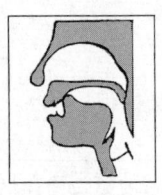

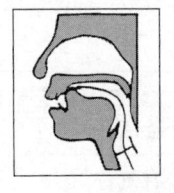

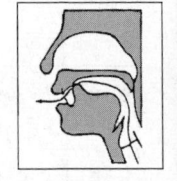

準備をして → 息をたくわえて → 発音 { 無気音 zh / 有気音 ch }

sh [ʂ]

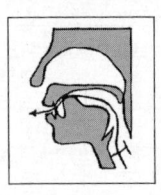

r [ʐ]

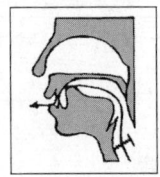

6．舌歯音

z(**i**)	無気音。舌先を上の歯の裏に押しつけ、口を左右に引いて'ツ'と発音。
c(**i**)	z(i)の有気音。z(i)と同じ要領の発音だが、息を強く出しながら'つ'と発音。
s(**i**)	摩擦音。z(i)と同じ要領で、口を左右に引いて'ス'と発音。

♥有気音と無気音

　日本語では、"がいじん"(外人)と"かいじん"(怪人)のように、"か"と清音で発音するか、"が"と濁音で発音するかによって、字や意味を区別する。中国語では、このような音の清濁の違いによって字や意味を区別しないで、有気音と無気音という対立で字や意味を区別するものがある。有気音と無気音は、何れもいったん閉ざされた器官を突き破って発音する破裂音であるが、息をできるだけ抑えて音だけを発するのが**無気音**であり、音と同時に息をパッと激しく出すものが**有気音**である。

無気音
bo

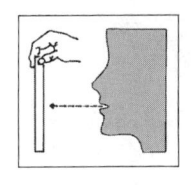

　破裂を弱くし、息をおさえて発音する。例えば bo ならば、「しっぽ」の「ぽ」を発音する要領で。b・d・g・j・zh・z が無気音。

有気音
po

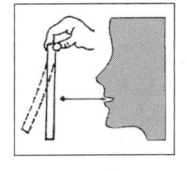

　破裂を強くし、息を強く出して発音する。例えば po ならば、「ポテト」の「ポ」を発音する要領で。p・t・k・q・ch・c が有気音。

数字で見る中国情報

数字で見る中国情報

面積
　東西5000km、南北5500kmに渉る国土総面積は、960万km^{2}である。世界では、ロシアの1707万km^2、カナダの997万km^{2}に次いで第3位の広さ。日本の約25.3倍。

地形比率
　山地が33%、高原が26%、盆地が19%、丘陵が10%、平原はわずか12%。

人口
　1997年末現在で12億3626万人(但し台湾・香港・マカオは含まない)である。97年の一年間だけで1237万人の人口増加がみられる。その男女の比率は、建国以来ずっと男性の方がやや多い傾向にある。

都市と農村の人口
　97年末の推計で、都市は3億6989万人(29.92%)、農村は8億6637万人(70.08%)である。

民族
　漢族と55の少数民族で、民族数は計56。漢族と少数民族との人口比は、おおよそ漢族92%、少数民族8%となっている。

少数民族の人口
　90年の統計で、総数は9120万人。そのうち、最大人口はチワン族の1548万人、最少人口は主にチベットに居住するロッパ族の2312人。

行政区画
　直轄市(北京・上海・天津・重慶)4、省23、自治区5、特別行政区2。

行政区画別の最大人口

　直轄市では、重慶の約3000万人、省では、河南省の約9100万人、自治区では、広西チワン族自治区の約4589万人、特別行政区では、香港の約6687万人。

最高峰

　ネパール国境のチョモランマ山で8848m。8000m以上の山が9座あり、世界全体12座の4分の3を占める。

標高が最も低い地点

　新疆ウイグル自治区のトルファン盆地にあるアイディン湖で、海抜マイナス154m。

最長の河川

　長江の6300km、黄河の5500kmと断然長く、松花江の2300km、珠江の2200kmがこれに次ぐ。ちなみに、長江は世界第三位。

最大の湖沼

　江西省の鄱陽湖が最大で、面積は3583km²。江蘇省の太湖、湖南省の洞庭湖がこれに次ぐ。

最大の平野

　東北平野・華北平野・長江中下流平野が三大平野であるが、面積約35万km²の東北平野が最も広い。

最大の盆地

　新疆ウイグル自治区のタリム盆地で、東西1500km、南北600kmの80万km²。

最大の砂漠

　新疆ウイグル自治区のタクラマカン砂漠で、面積約33万km²。

すぐに役立つ中国語表現

定価（本体1,800円＋税）

2000・7・10 初版印刷／2000・7・20 初版発行

著者　Ⓒ矢野光治

発行者　井田洋二

発行所　株式会社 駿河台出版社
〒101-0062 東京都千代田区神田駿河台3丁目7番地
電話(3291)1676(代) FAX(3291)1675番
振替東京00190-3-56669番

製版　㈲加東　印刷　三友印刷株式会社

ISBN 4-411-01897-7　C1087　Y1800E